WOMEN PLOT

Sharing Inspiring Women Stories

INSEGNARE

Messaggio di incoraggiamento per insegnanti

Martina Ásero

WOMEN PLOT

hello@womenplot.com

Prima edizione in “Emerging” settembre 2021
ISBN: 9791280593177

Illustrazioni: Maria Sole Costanzo

Il catalogo completo delle edizioni Women Plot può essere trovato al sito www.womenplot.com

Insegnare

Se l'occhio non si esercita, non vede,
se la pelle non tocca, non sa,
se l'uomo non immagina, si spegne.

(Danilo Dolci, *Il limone lunare*)

Introduzione

Ho scritto la bozza di questo libretto in poco tempo, durante un fine settimana trascorso a Bordeaux. Era gennaio del 2020 e, mentre l'aereo lasciava Catania, nella mia mente si agitavano le paure che avevo letto nelle ultime mail ricevute da giovani aspiranti insegnanti e studenti universitari sfiduciati: dopo aver visto un video sul mio canale YouTube mi chiedevano consigli o mi ringraziavano per aver trasmesso loro un po' di entusiasmo. Pensavo da giorni a quei messaggi, perché le ansie e le preoccupazioni che rivelavano erano un po' le mie di qualche anno prima, quando desideravo diventare insegnante e brancolavo nel dubbio, chiedendomi se ci sarei mai riuscita.

Mi sono detta allora che un solo video non poteva bastare, bisognava fare di più. Scrivere qualcosa, condividere quella passione dominante che mi ha portata ad abbracciare questa strada e soprattutto cercare di spiegare cosa siamo chiamati davvero a fare come professionisti. C'è qualcosa che la scuola può fare dall'interno per i nostri ragazzi, in funzione dei nostri ragazzi? Siamo travolti da scartoffie burocratiche, carte e adempimenti, come se fossimo impantanati nell'ufficio grigio di qualche racconto di Gogol. C'è qualcosa o qualcuno che vuole spegnere la fiamma che portiamo dentro, riducendola a perizia amministrativa. Eppure, noi non possiamo permetterlo e non possiamo perché abbiamo sposato un imperativo categorico: diffondere amore per il sapere.

Come vi dicevo questo libro è stato scritto al principio del 2020, ma allo stato attuale la scuola non può ignorare i cambiamenti indotti dall'impatto della pandemia che ha travolto molti ambiti della nostra vita e indubbiamente ha accelerato un processo di digitalizzazione del sapere che, in un contesto diverso, avrebbe impiegato molti più anni a impiantarsi. È l'effetto delle grandi crisi: spazzano via dinamiche retrograde, velocizzano processi di transizione; ma in realtà quei processi erano già in atto, per quanto ignorati o minimizzati da chi vuole restare ancorato alla sicurezza del "si è sempre fatto così". In questo modo decine di docenti vecchia scuola – e per vecchia scuola intendo sempre mentale, non anagrafica – si sono dovuti adattare rapidamente a un sistema di fruizione del sapere diverso, sempre più veicolato dai software digitali e nel quale si assiste a un ribaltamento basilare del ruolo docente-discente: oggi lo studente o la studentessa che si siede sui banchi di scuola non proviene da un retroscena rurale che attende di trarre dal docente tuttologo le risorse comunicative che gli consentiranno di decodificare la realtà. Gli studenti arrivano a scuola con delle conoscenze pregresse, molto spesso con miti da sfatare e pregiudizi e stereotipi da smontare. Si può dire che in passato il discente si presentasse a scuola per riempire la propria tabula rasa, mentre oggi arriva con un carico di conoscenze pregresse che devono essere analizzate, riorganizzate, il più delle volte ristrutturate. Il discente di oggi sa *qualcosa,* è imbevuto di fake news e cultura pop e recupera le principali informazioni su TikTok. Il problema, dunque, è che ciò che sa non è ciò che è la verità. Gli insegnanti del 2022, 2023 e degli anni a seguire devono comprendere più che mai che non sono elargitori di sapere. Questo ruolo è stato perduto da tempo, perché i discenti possiedono tutte le risorse per poter attingere alla conoscenza – o pseudoconoscenza. Il compito del docente è sempre più quello di facilitatore. Non forniamo saperi, che sono accessibili e gratuiti, ma strategie, metodi, strumenti. Proponiamo idee, aiutiamo i discenti a conoscersi meglio, a comprendere il proprio stile di apprendimento e a usarlo per rendere il proprio studio più efficace. Abbiamo il dovere di orientarli verso la ricerca di attendibilità delle fonti, lo sviluppo di senso critico, la decrittazione della realtà. Siamo qui per dar loro fiducia, in un'epoca in cui i ragazzi sono sovraccaricati da richieste e aspettative, svolgono una marea di attività extrascolastiche ogni settimana, imparano l'inglese, lo spagnolo, il francese, il russo, vanno a danza, in piscina, al corso di equitazione, sono iperattivi e ansiosi. Tantissimi ragazzi e ragazze oggi soffrono di ansia da prestazione. Non si presentano a scuola il giorno del compito o scoppiano in lacrime prima di iniziare un'interrogazione. Hanno poca autostima e scarsa fiducia nelle proprie potenzialità. Sono convinti che ogni prova sia una valutazione del proprio valore personale, si sentono inadeguati e soffrono. I ragazzi e le ragazze molto spesso stanno male perché vivono la scuola come il palcoscenico di un talent show dove devono sempre dimostrare di essere all'altezza di qualcosa.

Lo scopo di questo libretto non è tanto illustrare i difetti della scuola italiana contemporanea, anche se arriverà pure il momento in cui ne parleremo, quanto più ribadire la centralità della figura dei docenti in questo processo. Noi siamo fondamentali. Se avete questo libro in mano perché volete diventare insegnanti dovete ricordarvi che avete una grande responsabilità, ma anche un'enorme opportunità. Docenti motivati e dediti alla propria professione possono davvero cambiare la vita delle persone. Per questo vi dico di non demordere al primo ostacolo che la burocrazia italiana vi metterà davanti, non arrendetevi al primo moto di sfiducia e nemmeno al centesimo. Avete scelto una strada difficile, ma bellissima. Tenete sempre davanti agli occhi l'immagine possibile di quella classe piena di occhi che vi guarderanno in cerca non di risposte, ma di percorsi; e con l'ardente motivazione di chi vuole raggiungere un risultato proseguite sulla vostra strada.

Questo libro è per voi.

1.
Non ce la farai mai

«Ma chi te lo ha fatto fare?»
«Ma perché non hai scelto Giurisprudenza?»
«Ma davvero vuoi fare il morto di fame per tutta la vita?»
«Ma lo sai che resterai precario fino alle nozze d'oro?»
«Ma è uno dei mestieri più usuranti del mondo».

Le frasi non si iniziano con un'avversativa. E i sogni non possono cominciare con una stroncatura. Dovrebbero impararlo le voci altisonanti che dall'alto dei loro ordini di liberi professionisti lanciano sentenze basate sul luogo comune e il sentito dire, per poi correre a comprare pacchetti di ventiquattro Cfu da enti privati nel momento in cui la partita Iva costa più della somma di tutte le fatture emesse in un anno e si subodora il confortevole sollazzo del posto fisso. Cosa bisognerebbe rispondere?

«Ma chi te lo fa fare?»
«Ma perché non hai scelto Giurisprudenza?»
«Ma davvero vuoi lo stipendio ministeriale tutta la vita?»
«Ma lo sai che cominciando a cinquant'anni suonati anche le tue ossa resteranno precarie?»
«Ma è uno dei mestieri più usuranti del mondo».

Quest'ultima è vera. Lo è persino quando hai scelto tu di fare l'insegnante perché è il mestiere che ti piaceva, figuriamoci quando è il ripiego di serie "b". È svilente, demotivante, noioso, stressante, sottopagato – è vero anche questo – ingrato, sottovalutato, logorante, criticato. Non ti permette di constatare nell'immediato i risultati della tua fatica, forse li vedrai fra dieci anni, quando gli ex alunni verranno a palesare la professionalità raggiunta, o forse non li vedrai mai, perché alcuni nel contempo avranno intrapreso percorsi di vita talmente inaspettati da risultare irreperibili. È stato alunno mio, quello? E chi lo sa! Non ricordo più nemmeno il cognome, pensa un po' alla faccia, che nel frattempo avrà subito modificazioni epocali.

Insegnare: il mestiere più difficile di tutti, dicono. Il mestiere che nessuno vuole fare, ma a cui tutti a un certo punto ambiscono, per necessità, per stabilità, persino per pentimento. Sì, c'è chi sbraitava i commenti di cui sopra e poi ha fatto retromarcia, spinto dalla ferrea logica della sicurezza.

Eppure, eppure…

Ma se insegnare – e qui l'inizio in avversativa ci sta – era tanto gramo e indegno per coloro i quali sognavano con gioia l'appellativo di prof, cosa mai dovrebbe essere per chi vi giunge per via parallela, inserendosi a pettine a marcia iniziata, senza un giorno di allenamento e senza mai aver desiderato nemmeno da lontano il sudore della competizione sportiva?

Un inferno, una latrina, un campo di lavoro;

sopraffatti da alunni antropofagi che non si sa come gestire, contando i minuti alla rovescia perché suoni la campana del commiato e si possa finalmente uscire dalla reclusione coatta, via, aria, libertà!

La verità è che insegnare non è un mestiere che si sceglie. È il mestiere che ci sceglie. Un po' come succede con le letture importanti, sono certi libri che ci chiedono di essere letti. L'insegnamento ci chiama alle sue schiere con la vocazione di un medico, di una guida spirituale. Non si esce dal ruolo di insegnante perché semplicemente lo si è e lo si è sempre, dentro e fuori dalla scuola, reperibilità di ventiquattro ore, come il veterinario.

Ho conosciuto tanti colleghi che non amano dare il proprio numero di telefono agli studenti. Lo capisco, non è mica obbligatorio. In certi casi potrebbe persino essere rischioso. Forse l'ingenuità è uno dei miei principali difetti, ma io vi dico che è una delle prime cose che faccio. Il numero e Instagram e YouTube e la mail... Avete bisogno di me? Io ci sono. Certo, si stabiliscono delle regole. A meno che il tuo palazzo non stia andando in fiamme e i tuoi genitori non siano usciti a cena da soli per la prima volta da quando sei nato e non ricordi il numero dei vigili del fuoco, non è il caso che mi chiami alle undici e mezzo di sera. E se hai dimenticato di appuntare i compiti di Storia chiami un compagno, non me, anche perché probabilmente non ho il libro nei paraggi per aiutarti e in ogni caso non sono il tuo tutor privato – non vanno più di moda da almeno un secolo e mezzo, anche se qualcuno vorrebbe rilanciarli sulla piazza con l'esterofila etichetta di *homeschooling*. Per il resto, scrivimi, chiedimi, chiamami. Ho alunni che dopo anni continuano a domandarmi consigli sui libri di narrativa da leggere e da regalare. Alunni che vogliono un consiglio. Alunni che hanno semplicemente bisogno di sapere che tu ci sei, che non sono barchette sperdute in mezzo all'oceano. Magari non ti chiameranno mai, non gli servirà, ma sanno che ci sei e te ne saranno immensamente grati.

Diventare insegnante in Italia è terribilmente complicato e il compenso economico non è all'altezza dei compiti che si svolgono e delle responsabilità che si assumono. Il percorso da intraprendere è impervio e la meta sembra spostarsi un chilometro più avanti ogni volta che pensi di essere giunto quasi alla fine. Tuttavia, oggi vi dirò una verità che forse non vi è mai stata rivelata.

Ce la potete fare.

Sì, avete sentito bene. Non è una battutaccia di pessimo gusto e non contiene alcuna ironia. Voi ce la potete fare. Se avete tra le mani questo libro probabilmente è perché state provando a incamminarvi su questo impervio cammino oppure vi inerpicate già da anni e vi sembra sempre più difficile districarsi fra supplenze a tempo determinato, sussidio di disoccupazione, case in affitto in paesini a migliaia di chilometri da casa, colleghi nuovi ogni quadrimestre, congedi di maternità rinnovati di mese in mese, concorsi pubblici rimandati in continuazione, promesse mai mantenute, luglio e agosto in preda all'ansia e altre insostenibili pesantezze dell'essere e quello che vi manca, che vi manca veramente, è sentire qualcuno che vi dice che ce la potete fare.

Io ero come voi, non ci credevo. Sbraitavo, mi lamentavo, mi avvilivo. Pensavo che non sarei mai riuscita ad avere la mia scuola, il mio corso, dei libri di testo scelti da me e non ereditati dalle scelte di colleghi stabilmente piantati da decenni nelle scuole presso cui facevo supplenza. La differenza, forse, è stata che io ho avuto qualcuno che ci credeva per me e che quella fiducia ha saputo infondermela.

Mentre strillavo dicendo che avrei dovuto aspettare un quarto di secolo prima di veder comparire sul mio contratto a tempo determinato quel prefisso "in-" che cambia un'incertezza in uno stato di grazia, la mia famiglia mi ripeteva che stavo esagerando e che io ci sarei riuscita. Con questo non intendo sganciare una sviolinata su quanto la mia famiglia mi abbia saputa supportare e sostenere, perché in realtà ci sono stati moltissimi scontri e incomprensioni nel corso del tempo. Sono stata un'adolescente molto confusa. Tuttavia, dal momento in cui ho deciso di intraprendere seriamente questa strada – o questa strada ha deciso di accogliermi – mio padre e mia madre hanno creduto ancor più di me che ce l'avrei fatta e pure in fretta.

Capisco quanto possa sembrarvi frustrante sentirvi dire che ce la farete quando tutto intorno è un fioccare di corsi abilitanti che non abilitano e promesse concorsuali rimandate causa forza maggiore, imprevisto tecnico, ripensamento ministeriale. Dall'oggi al domani appaiono improbabili sigle che consentono a categorie di colleghi mai sentite di entrare di diritto nel sistema scuola come auto in leasing dotate di telepass, mentre voi continuate a sentirvi autisti di sfigatissime utilitarie in coda al casello da dieci anni. Il contesto genera enorme sfiducia e sarebbe più comodo lasciarsi andare al flusso, adeguarsi alla marea del risentimento e dello sconforto. È sempre più facile seguire la coda che nuotare controcorrente.

Io, però, voglio provarci lo stesso. Voglio dirvi che mentre tutto sembra sostenere il contrario voi ce la potete fare. Se credete nelle vostre capacità, vi mettete in gioco e proseguite nel cammino che avete scelto – o meglio, come dicevo prima, che vi ha scelto – sarete degli splendidi insegnanti. Farete la differenza. Se credete davvero che questo sia il vostro posto, ce l'avete già fatta.

2.
Come ce l'ho fatta

Trovo sia più facile riuscire a vedere il sole dietro la coltre fitta di nubi quando ci viene raccontata la storia di chi ci è riuscito. Sono certa che di storie più interessanti ce ne siano a bizzeffe, ma dal momento che questo messaggio di incoraggiamento lo sto scrivendo io ho deciso di raccontarvi la mia, se non altro perché è quella che conosco meglio.

Spesso mi chiedono se ho sempre voluto fare l'insegnante. Mi ricordo che da bambina giocavo con le mie bambole a fare la scuola. Tornavo a casa dalle elementari e spiegavo alle bambole le lezioni a cui avevo partecipato la mattina. Ciò potrebbe essere indicativo del fatto che una certa indole all'insegnamento io l'abbia sempre avuta, ma questa è una verità solo parziale.

Di recente ho trovato un diario dei tempi dell'università, doveva essere il primo o il secondo anno, e su una pagina avevo elencato tutte le possibili carriere professionali che avevo ipotizzato per me. La lista recita così:

1. Aprire una libreria
2. Diventare un'attrice teatrale professionista
3. Fare un dottorato in Storia del Cinema o Storia del Teatro
4. Diventare una coreografa
5. Diventare una scrittrice

6. Occuparmi della mia famiglia e fare coreografie o scrivere libri nel tempo libero
7. Viaggiare per il mondo vivendo di espedienti

Vi dico subito, per essere chiara e sincera, che i punti 5 e 7 sono ancora dei sogni vividi. Mentre il 5 può convivere con la mia professione, per quanto riguarda il 7 so già che se un giorno l'entusiasmo che provo oggi dovesse affievolirsi abbraccerei questa ipotesi seduta stante. Per quanto riguarda l'elenco, l'ordine non rispettava un grado di preferenza, perché non sono mai stata brava a stilare classifiche, ma le opzioni erano tutte ugualmente valutabili nella visione di una me futura. L'opzione insegnante, come potete vedere, ancora non c'era. Avevo addirittura deciso di non inserire nel piano di studi universitario alcune materie che sarebbero state indispensabili per accedere alla scuola di abilitazione, perché la possibilità di darmi all'insegnamento non era nelle mie previsioni.

Poi durante l'ultimo anno di università ho svolto un tirocinio in un istituto comprensivo. Era la mia scuola media, quella dove ero stata alunna non troppi anni prima. Avevo scelto di farlo lì per pigrizia, avevo detto allora, perché era vicino a casa ed era una struttura già riconosciuta, quindi non avrei dovuto perdere ulteriore tempo per sbrigare altre pratiche.

Quei mesi furono illuminanti per me. Mi alzavo la mattina con un entusiasmo che non avevo mai provato prima e ogni volta che entravo in classe avevo la confortevole sensazione di trovarmi al posto giusto. Così, ho cominciato a immaginare la mia classe, i libri scelti da me, i progetti, le prove. Vedevo alunni con difficoltà di apprendimento e mi chiedevo cosa avrei potuto fare per consentire loro di accedere in modo più agevole a quello straordinario mondo che è la conoscenza.

Ho modificato il piano di studi, carica di adrenalina. Ho conseguito la laurea specialistica e mi sono inserita nelle graduatorie di istituto, le uniche a cui potevo accedere allora, laureata ma senza abilitazione. Scelsi la provincia di Novara, convinta dalle voci di aspiranti rassegnati colleghi che la Sicilia fosse un eden proibito.

Per un intero anno non mi chiamò nessuno. Andai a Londra e feci la cameriera in un ristorante italiano. Fu un'esperienza molto formativa, non sarei la persona che sono oggi se non avessi servito ai tavoli per mesi. Fu anche un'esperienza devastante, ma questa è un'altra storia. Ad ogni modo, quando vivevo lì stavo bene, ma riguardo alla questione insegnamento ero molto scoraggiata. Non ci vedevo futuro, non riconoscevo prospettive. Poi finalmente si mosse qualcosa. Mi preparavo per l'abilitazione e intanto facevo supplenze di due settimane, a volte tre, al massimo un mese, nei paesini del novarese, Cameri, Varallo Pombia, Oleggio, avanti e indietro dalla Sicilia tanto che lo stipendio se ne andava tutto tra viaggi e alloggi.

Uscì il bando per il primo Tfa, una di queste sigle orribili che vogliono dire tutto e niente, e studiai in modo folle per accedere al corso di abilitazione. Tre esami, due scritti e uno orale. Alla prima prova passammo in meno della metà dei candidati; ai piani alti dissero che le università sfornavano ignoranti, ma tacquero quando furono sommersi dai ricorsi che dimostravano che un terzo delle domande proposte era ambiguo, mal formulato o addirittura non contemplava tra le opzioni da sbarrare con una "x" alcuna risposta corretta.

Accedere al corso fu difficilissimo, in assoluto la prova più ardua della mia vita. Quando superai la prova orale invitai gli amici a festeggiare. Dovevo ancora iniziare il corso, le lezioni, l'esame conclusivo, ma sentivo già di aver vinto un terno al lotto. Scelsi la classe di concorso A043, oggi A022, la scuola secondaria di primo grado. Erano stati banditi quaranta posti, entrammo in sedici. Qualcuno mi chiedeva perché avessi scelto l'A043, non mi conveniva abilitarmi per le superiori, così avrei ottenuto anche l'abilitazione per le scuole medie a cascata? Non ci pensavo nemmeno. Io l'avevo saputo da subito che avrei voluto insegnare alle medie.

Quando terminò il corso e ottenni l'abilitazione, mi presentai immediatamente agli esami di ammissione al Tfa per il sostegno didattico. Era una follia, mi dicevano in tanti. Mi ero appena abilitata, era stato molto impegnativo e adesso potevo accettare chiamate dal Nord, ci sarebbe stata più richiesta dato che possedevo il titolo. Fu un'intuizione, non so spiegarlo diversamente, come la maggior parte delle scelte intelligenti che ho fatto nella mia vita. Accettavo supplenze brevissime in Piemonte per ottenere punteggio in graduatoria, spendevo un sacco di soldi, riprendevo a frequentare lezioni e tirocini, a sostenere esami e a presentare progetti, ma sentivo che dovevo farlo. Fu molto faticoso anche questo.

Durante quell'anno poi riuscii a trovare un liceo linguistico privato di Catania presso cui fare qualche lezione e smisi di accettare le supplenze nel novarese. Lavoravo otto ore a settimana, quattro in quinta liceo e quattro in quarta, o meglio, prestavo volontariato in cambio di punteggio dal momento che non ho mai visto un centesimo per le lezioni che facevo. Fu l'unica volta in cui lavorai per una scuola superiore. Conobbi ragazzi splendidi, ma mi convinsi ancora di più che il mio posto era con i più piccoli.

Quando finì il Tfa per il sostegno ero molto avvilita. Avevo ventisette anni, una laurea triennale e una specialistica, due abilitazioni, tre master conseguiti nel frattempo nella solita logica di accumulo punti da supermercato – alla fine cosa ci date? Il vassoio portavivande "Prof-fesso" o il set di tazze "Ritenta, sarai più fortunato"? – e non lavoravo. Non ricevevo chiamate, non vedevo futuro. Continuavo ad andare nel liceo privato di Catania senza compenso. Confrontavo la mia situazione con altri giovani europei e mi sentivo indietro, in ritardo. Durante quegli anni di studio avevo provato a cimentarmi in vari lavori, perché non mi è mai piaciuto chiedere soldi per la pizza senza essermeli in qualche modo guadagnati. Mi faceva sentire una parassita. Mia madre diceva che era un ragionamento folle, i genitori devono mantenere i figli; io ho sempre creduto che i figli le cose devono guadagnarsele. Quindi, ho fatto la receptionist in un albergo, la commessa in una libreria, l'insegnante di fitness, pilates e danza modern-jazz – cosa che faccio ancora, ma anche questa è un'altra storia – ho dato innumerevoli ripetizioni private, ho recitato in compagnie teatrali – dalle quali venivo pagata, anche se talvolta con tempi biblici –, ho curato le coreografie per decine di spettacoli, ho seguito un corso per fare la promoter di macchine del caffè e ho lavorato a un progetto di linguistica siciliana per l'Università di Catania.

Quello che guadagnavo non arrivava dalla scuola. Il teatro, in particolare, sembrava fornirmi opportunità di realizzazione impareggiabili. Le compagnie mi chiamavano, i registi mi contattavano come attrice e come coreografa e dal mondo dell'arte drammatica percepivo la maggior parte dei compensi. Iniziai seriamente a chiedermi se non avessi perso tempo con tutti quei corsi e quei titoli. Mi sembravano carta straccia. Erano passati quattro anni dalla laurea specialistica e non avevo ancora ritirato la pergamena in segreteria: sentivo la laurea come una beffa.

Mio padre continuava a ripetermi che io avrei lavorato a due passi da casa. Mi faceva arrabbiare con quel suo cieco ottimismo, io ristagnavo nella palude e mi chiedevo come potesse essere tanto visionario da vedere rose dove c'era solo sabbia. «Donna di poca fede!» era il suo commento.

A gennaio mi telefonarono da una scuola del mio paese, provincia di Catania. Non ero inserita nelle graduatorie di istituto, che erano ancora ferme lì a Novara, ma avevo mandato la mia disponibilità a prestare supplenza sul sostegno, una volta conseguito il titolo. Pensate che ci credevo talmente poco che avevo dimenticato di scrivere il mio numero di telefono nel corpo della mail e per contattarmi la scuola dovette ricorrere a inaudite strategie di passaparola. Le famose Mad, messa a disposizione, la sigla che mi ha sempre fatto ridere più di tutte le altre perché in inglese significa "matto" e ogni volta che ne spedivo una mi tornava in mette il cappellaio di Alice, "*We are all mad here!*" In effetti, di normale non c'era molto in quel continuo elemosinare.

Presi una supplenza fino a giugno, la più lunga fino ad allora. Fu strano, inaspettato, rinvigorente. Ogni volta che entravo in classe sentivo di nuovo quella piacevolissima sensazione di trovarmi nel posto giusto, di avere un senso. Per dovere di cronaca, vi dico che era la stessa scuola in cui avevo fatto il tirocinio, quella che avevo frequentato da alunna.

Feci un'altra esperienza sul sostegno, da novembre a febbraio, in una scuola a una mezz'ora da casa, sempre tramite Mad, mentre continuavo a scandire a ritmo di reggaeton sequenze di addominali per mantenere la mia indipendenza economica; vivevo da sola già da due anni e dovevo trovare il modo di mantenermi. Nel frattempo, bandirono il concorsone, era il 2016. Mi presentai per entrambe le classi di concorso, A022, Lettere alla secondaria di primo grado, e la nuova classe creata appositamente per i posti di sostegno. Anche queste selezioni furono durissime. La prova d'accesso era *computer-based*; bisognava rispondere a sei quesiti di carattere didattico-disciplinare, il più delle volte costruendo delle unità di apprendimento che un docente in condizioni normotipiche elabora in almeno un paio d'ore per ciascuna. Noi avevamo a disposizione poco più di due ore per tutte, compresa la sezione di lettura e comprensione di due testi in lingua straniera. Non era un esame, era una prova di sopravvivenza. Quando uscii dalla selezione di Lettere ero talmente stanca che crollai sul sedile della macchina di quello che oggi è mio marito senza riuscire a spostare gli occhi da un punto fisso e per tutta la strada di ritorno da Palermo, dove avevo sostenuto l'esame, a Catania non riuscii a emettere neanche una parola. Mi sentivo prosciugata. Avevo lasciato tutte le mie energie a quel computer, frenando l'ansia a forza di sogni. Seppi di aver superato entrambi gli scritti e che ero stata ammessa alla prova orale. Feci il concorso per la cattedra di sostegno a Trapani, nella torrida estate del 2016, con una cara collega incinta al nono mese che sostenne l'esame con una caparbietà invidiabile. L'orale di italiano lo svolsi a novembre, a Palermo, con una traccia sul teatro dei miti di Pirandello. Fu un bell'esame, molto gratificante. La drammaturgia che mi aveva nutrita per anni tornava in qualche modo ad assistermi anche in quella sede.

I risultati uscirono dopo qualche settimana. Ero arrivata seconda nella graduatoria regionale di sostegno e prima in A022, Italiano, Storia e

Geografia nella scuola secondaria di primo grado. La classe di concorso che avevo scelto.

L'immissione in ruolo non fu immediata. Ci sarebbe toccata di diritto quell'anno, almeno per il sostegno, le cui graduatorie erano state pubblicate prima dell'inizio dell'anno scolastico. Ma qualcosa nel meccanismo si inceppò, le assunzioni furono rimandate, iniziammo un nuovo ricorso e io tornai a sentirmi a pezzi. Avevo lavorato, avevo studiato, avevo ottenuto un eccellente risultato, avevo fatto quanto fosse in mio potere e ancora una volta tutto sembrava crollare su sé stesso. Non serve a niente, mi dicevo. Cambierà il governo, perderanno tempo, le graduatorie decadranno, dovrò rifare tutto da capo. Sono sempre stata un po' catastrofista in certe fasi della mia vita, ma l'atmosfera non era davvero delle più incoraggianti.

Reagii nel modo che mi è più caratteristico, gettandomi in un nuovo progetto. Mi iscrissi alla facoltà di Lingue. Era un vecchio sogno, c'era stata una fase alla fine del liceo in cui ero stata indecisa proprio fra Lettere e Lingue. Visto che dovevo aspettare, tanto valeva impiegare il mio tempo in modo costruttivo e studiare mi è sempre piaciuto. Nel frattempo, con la danza e il teatro mi mantenevo dignitosamente. Riprendere a studiare qualcosa che amavo davvero e non quelle stupidaggini preconfezionate che somministrano nei corsi di abilitazione fu molto rinfrancante. Studiare è un'attività meravigliosa. Andavo in biblioteca e mi immergevo fra i testi della letteratura inglese contemporanea. Ripresi a leggere con passione e dedizione libri di narrativa, come facevo da bambina e da ragazza e mi accorsi che non lo avevo più fatto dopo il liceo perché studiare per gli esami universitari non mi lasciava tempo da dedicare a letture ricreative. Aprii un canale YouTube di recensioni di libri, nacque come un gioco e ancora oggi è una delle attività che mi soddisfano maggiormente. Insomma, come si dice in Sicilia, "*ogni 'mpidimentu è giuvamentu*": le situazioni meno favorevoli arrivano per permetterci di fare qualcosa che non era nei piani.

Ricevetti la convocazione per l'immissione in ruolo nell'agosto del 2017. Avevo da pochi mesi compiuto trent'anni. Ricordo ancora il giorno prima di andare a Palermo, per la nomina. Ero seduta sul letto, a casa mia, mi dicevo che stava veramente per cambiare tutto. Sentii il sapore che ha un sogno quando sta per realizzarsi.

Scelsi A022, la scuola media. L'esperienza sul sostegno era stata essenziale, ma io volevo insegnare Lettere, un ruolo diverso non sarebbe stato giusto per me. Ero la prima in graduatoria così scelsi l'ambito territoriale di preferenza. Aspettavo la mail con l'assegnazione definitiva alla scuola. Arrivò un pomeriggio di fine agosto, ero in viaggio con un'amica, sul treno da Dublino a Dalkey. A gennaio mi sarei sposata e con il mio futuro marito avevamo scelto di andare a vivere in un paese alle pendici dell'Etna, nella casa che era stata dei miei nonni. La scuola che mi toccò, quella in cui lavoro ancora adesso, distava appena quindici minuti da casa.

In fondo, per quanto il mio orgoglio mi rendesse difficile ammetterlo, sulla questione scuola aveva sempre avuto ragione mio padre.

3.
È davvero il mio posto?

Spesso, soprattutto dalle persone che seguono il mio canale YouTube, ricevo domande che riguardano l'insegnamento. Una domanda che mi pongono frequentemente è questa: «Come faccio a capire se l'insegnamento fa per me?»

A volte capire se una strada è idonea per noi non è semplice. Ci sono bambini che fin da piccoli hanno idee molto chiare sul proprio futuro. Alcuni imitano i genitori e sostengono di voler diventare qualsiasi cosa sia papà. Altri, invece, esprimono con precisione le proprie ambizioni, a volte meravigliosamente fantasiose – l'esploratore e l'inventore sono stupende – altre più concrete, ma comunque sorprendenti. Molto più spesso, tuttavia, riscontro una certa confusione tra i giovani. Diversi alunni, giunti all'età di tredici anni e dunque alla fatidica scelta delle scuole superiori, non solo non sanno che percorso di studi intraprendere, ma hanno serie difficoltà a riconoscersi in una versione futura di sé stessi.

C'è un esercizio che faccio fare sempre alle classi terze e che ritengo molto importante. Verso la fine dell'anno chiedo ai ragazzi di scrivere una pagina di diario in cui devono descrivere la loro giornata. Qualcuno sbuffa, qualcun altro sospira di sollievo dicendosi che è un compito piuttosto facile da svolgere. Poi, però, completo la consegna e rimangono sbigottiti. Devono sì raccontare la loro giornata, ma la data sulla pagina deve essere posticipata di una decina d'anni. Racconta la tua giornata, è il 20 aprile 2030…

Ovviamente, non mancano gli studenti che descrivono mondi distopici post apocalittici in cui i pochi umani mutanti sopravvissuti si nutrono di ratti scappati da esperimenti in laboratorio. Certo, è una forma di fantasia, anche se denota un uso acritico dei videogiochi – grandi strumenti, a volte usati male – e un accesso altrettanto non monitorato a Netflix. Tra i compiti svolti, però, non mancano quelli che ne colgono il senso e che riescono a immaginarsi proiettati in una realtà posticipata. Ci sono ingegneri prossimi al loro ultimo esame universitario, capocuochi su navi da crociera, hostess di terra e di volo – gettonatissime – e non mancano nemmeno nuovi aspiranti insegnanti di Lettere.

È un esercizio molto importante riuscire a immaginarsi da qualche parte, vedersi e sentirsi arrivati già al traguardo. Questo tipo di attività dovrebbe essere provata da tutti coloro che si stanno chiedendo cosa fare della propria vita. Se non si vuole che sia l'esistenza stessa a prendere il sopravvento e trascinare dove "Madama Necessità" conduce, bisogna prendere il comando della propria rotta. Certo, lungo il cammino potranno esserci delle variazioni, potrebbero subentrare delle novità inaspettate che ne variano il corso. Questo è normale, fa parte della vita. Ma c'è una bella differenza fra chi si fa trascinare e si arrende a ciò che arriva e chi guarda un punto da raggiungere davanti a sé.

Come vi sentite quando pensate a voi come insegnanti? Vi viene il formicolio sotto la pianta dei piedi quando pensate che avrete una classe tutta vostra a cui trasmettere conoscenza? L'idea di incontrare delle menti e lasciare un segno dentro di loro vi elettrizza? Magari non sentite nessuno di questi sintomi, perché poi la reazione psicosomatica è personale, ma avete comunque la sensazione che quello sia proprio il vostro posto.

Adesso stiamo parlando di insegnamento, ma io penso che questo discorso valga per tutte le professioni-vocazione. Un aspirante medico non può perseguire la professione se non sente bruciare dentro sé il fuoco della missione, il senso di solidarietà, di sostegno, di cura di chi ha bisogno di assistenza. Vale per gli operatori sociali, per gli avvocati, per le guide spirituali. Nessuno si è mai domandato quanto male fanno alla società insegnanti frustrati, medici negati, avvocati avidi, operatori assistenziali depressi?

Vale anche per la nostra categoria. Non significa che smetti di avere una vita perché sei un insegnante, ma che la tua vita è insegnare. Probabilmente non sei solo quello, anzi, sei molte cose e questo è importante perché gli esseri umani non sono come cartoni di latte su cui stampare un'etichetta. Sei un insegnante nell'anima, però, anche fuori dalla classe, perché sai che in qualche modo, con il tuo fare, con il tuo esempio, anche con il tuo errore trasmetterai qualcosa.

Io amo molto viaggiare. Prima della pandemia mi è capitato un paio di volte durante l'anno di salire su un aereo il venerdì e andare da qualche parte in Europa. Ai miei alunni lo spiego sempre. Non vi sto abbandonando, sto andando perché i miei occhi possano portare qualcosa di nuovo a voi. Spiego diversamente com'è fatto il Galles dopo esserci stata. Riesco a raccontare Londra e Madrid perché ci ho vissuto. Descrivo i problemi del Giappone perché amo la letteratura giapponese, studio la lingua e ho visitato il Paese da Tokyo a Osaka in lungo e in largo.

Un insegnante deve viaggiare, guardare film, andare a teatro, leggere. Secondo me, non solo un insegnante di Lettere. La formazione continua non è seguire un corso di aggiornamento inutile propinato da piattaforme a pagamento tanto per cumulare ore. La formazione continua è cercare, documentarsi, partire, sperimentare, studiare. Un insegnante studia sempre. Non si può pretendere che dei ragazzini imparino se noi abbiamo dimenticato come si fa ad apprendere, quanto durano i tempi di attenzione, come memorizzare delle informazioni e trasformarle in conoscenze. E non sto parlando di seguire il corso di aggiornamento sulle *soft skills* o le dinamiche di gruppo, quello è lavoro, non è studio. Io vi dico di studiare sempre qualcosa che vi appassiona, anche se non è la vostra materia di insegnamento. Non importa, anzi è meglio, perché si ampliano gli orizzonti. Io continuo a studiare lingue straniere perché mi diverte e mi incuriosisce, anche se ai miei alunni non spiegherò come leggere il katakana. A meno che qualcuno non sia curioso e voglia impararlo.

Sono queste le doti che deve avere un insegnante. L'unico modo per capire se è il vostro posto è provare a sentire se dentro di voi esiste tutto questo. Ne riconoscete la presenza, il fuoco, la determinazione? Siete resilienti? Siete capaci di recuperare l'equilibrio davanti a una delusione, a un fallimento educativo, siete in grado di rimettere in gioco tutto quello su cui avete impostato il vostro metodo se vi rendete conto che per la classe che avete davanti semplicemente non va bene? Sì, perché non esiste il metodo, esiste la prova, la proposta, l'invito. Non è detto che quegli alunni lo accoglieranno, anche se con la classe dell'anno precedente era andata alla grande. È normale che sia così e non c'è niente di sbagliato in voi, semplicemente lavorate con esseri umani, non con confezioni di detersivo, e gli esseri umani sono tutti diversi e si relazionano fra loro in modo diverso.

Ecco perché dovremmo indignarci con chi non è portato o non desidera insegnare e ripiega sulla scuola solo per la sicurezza economica. Credo sia possibile che il richiamo del mestiere arrivi anche in un secondo momento, dopo aver svolto altre professioni, quando si ha già una famiglia o una carriera avviata e trovo plausibile ed encomiabile la scelta di volersi mettere in gioco per seguire tale richiamo. Anzi, vi dirò, se per vent'anni vi siete occupati della contabilità di un rivenditore di pneumatici e a un certo punto vi si accende la fiamma dell'insegnamento, dovete assecondarla. È una scelta intrepida, me ne rendo conto, ma se la vocazione vi sta chiamando non potete ignorarla, vi fareste un grave torto. Ma non vale certo per tutti. E chi non lo fa spinto dalla passione sta commettendo l'errore più grande della sua vita. La scuola ti darà uno stipendio, che pagherai a un prezzo decisamente più alto.

Questo è un lavoro che si può fare solo con amore. Certo, si può fare anche con noia, con strazio, con sgomento, con ansia, le emozioni associate alla professione docente potrebbero tranquillamente riempire un Dsm specifico di categoria, ma gli effetti sono devastanti, sia sulla salute del suddetto docente sia sul futuro dei ragazzi che assorbono come spugne e hanno bisogno di guide, non di bandieruole. Un cattivo insegnante distrugge studenti e studentesse. Un bravo insegnante dà loro opportunità.

Se volete sapere se questo è il vostro posto buttatevi, provate. E se a un certo punto dovessimo renderci conto che non fa più per noi, perché le cose nella vita possono cambiare, dobbiamo avere il coraggio di fregarcene dello stipendio – anche perché vi ricordo che è fra i più bassi d'Europa – e cambiare mestiere. Faremo del bene al nostro sistema nervoso e a migliaia di futuri studenti.

4.
I problemi reali della scuola in Italia

Diamo per assodato che abbiate capito che per realizzarvi nella vita avete bisogno di una cattedra – dietro la quale starete seduti il meno possibile –, delle classi e, ovviamente, degli studenti. Appurato che volete diventare degli insegnanti o che quanto meno sentite il desiderio di provarci, da qualche parte bisogna pur iniziare. Forse il primo modo per dar avvio alle danze è rendersi conto di quali siano realmente i problemi della scuola italiana. Non mi soffermerò a lungo su questo punto perché la constatazione delle lacune deve servire solo come punto di partenza per l'elaborazione di una soluzione applicativa.

Uno dei primi problemi riguarda proprio il reclutamento dei docenti che avviene, ormai da decenni, in modo disorganico e disorganizzato. Nuove leggi soppiantano leggi precedenti, le Ssis diventano Tfa e i Tfa si trasformano in Fit, ma in sostanza, oltre agli acronimi, non si riesce a mettere in ordine molto altro. Si comincia facendo supplenze, accumulando punti, anche a costo di rinunciare al doveroso stipendio, ma questa è la situazione. Il clamoroso caso dell'algoritmo impazzito ha portato centinaia di docenti a trasferirsi da un capo all'altro del Paese per non rinunciare all'opportunità di entrare di ruolo – finalmente – magari dopo una vita di sacrifici. È già abbastanza penoso, ma non è il problema principale. È dentro la scuola che cominciano i guai seri.

A mio avviso un disastro della scuola italiana, a livello didattico intendo, è il sistema dei progetti. Con le restrizioni covid questi progetti hanno subito notevoli limitazioni o si sono convertiti in modalità online, ma voglio darvi un quadro del modo in cui si sono svolti per anni. Da tempo, ormai, sia i docenti interni che gli esperti esterni possono proporre progetti ai vari istituti scolastici coinvolgendo gli studenti in orari extracurriculari, almeno in teoria. Inoltre, enti locali e associazioni territoriali propongono vari tipi di intervento, dalla riunione per ricordare le tradizioni natalizie locali cadute in disuso ai convegni sulla prevenzione del melanoma. Tutte attività interessanti e utilissime, penserete. Purtroppo, non è così. Ho assistito a fin troppi incontri del genere per poter sostenere che non sono sempre proposte efficaci. L'ingegnere che descrive ad attoniti alunni di prima media il funzionamento della rete fognaria cittadina con il lessico idoneo a una platea di universitari non sta apportando alcun contributo formativo. Il referente comunale alla salute e sicurezza che recita un'enciclica sul bullismo mentre un bambino tira le trecce alla compagna in sovrappeso non aiuta a prevenire il fenomeno della violenza giovanile. Il fatto che una persona disponga di un PhD in Astrofisica conseguito a Oxford non implica che possieda le abilità comunicative necessarie per trasmettere qualcosa a classi di undicenni. Una cosa è sapere, un'altra è sapere insegnare.

Questi progetti che dispensano il Ministero da oneri finanziari ulteriori caricando gli istituti o le famiglie non servono affatto alla formazione degli alunni. Li portano solo fuori dalle classi, continuamente, generano distrazione e confusione, sovraccaricano la loro già ipertrofica vita di ulteriori informazioni finché il cervello non va loro in fumo e noi osiamo persino stupirci che non siano riusciti a finire tutti i compiti o che non siano in grado di concentrarsi sulla lezione. I collaboratori che entrano ogni ora per farci leggere e firmare una circolare che ricorda da quale parte della scuola dovranno essere prelevati gli alunni dai genitori fanno quel che è stato loro richiesto, ma disturbano. La nostra è una scuola disturbata.

Anche i genitori disturbano, la questione è sulla bocca di tutti. Il docente non è più libero di valutare in modo incondizionato il percorso scolastico degli alunni, ma è continuamente sottoposto a richieste e aspettative genitoriali, che pretendono di emettere il proprio insindacabile giudizio didattico sul rendimento dei figli. Questo è il punto così come appare dall'esterno e ho voluto menzionarlo fra i problemi perché in alcune realtà obiettivamente lo è. Tuttavia, io ho un'esperienza un po' diversa sull'argomento e tornerò a parlarne più avanti.

A proposito di disturbi, nella scuola italiana gli alunni con Dsa aumentano a dismisura. Le persone con dislessia, discalculia, disortografia, certificate e non, sono sempre più numerose. Per questi alunni non è previsto alcun tipo di sostegno didattico, il che significa che a noi docenti curriculari spetta un lavoro supplementare moltiplicato per ogni alunno presente in classe. Nelle mie classi ne ho sempre avuti non meno di tre. Se a questi disturbi è associata una carenza socioculturale importante, come spesso accade, i problemi aumentano. La dislessia è un disturbo da non sottovalutare e a cui troppo spesso ci si affianca con totale ignoranza. Per un ragazzo dislessico l'apprendimento è impedito a monte perché fra lui e l'oggetto libro si erge un ostacolo di incompatibilità. Non bisogna solo dargli più tempo per svolgere la prova, come prevede la normativa, ma rimuovere l'ostacolo. Tutti i libri devono essere ad alta leggibilità e reperibili facilmente sul mercato. Non è così, non lo è ancora.

Non posso tacere sulla questione fondamentale della funzione sociale della scuola. Sempre più spesso i ragazzi chiedono di potersi incontrare a scuola nel pomeriggio, poter fare i compiti insieme. A casa non è semplice, non c'è spazio, troppi fratelli, i genitori non li possono aiutare. Perché la scuola non può essere un polo dove potersi incontrare, studiare, confrontarsi? Non si parla di proporre attività, ma semplicemente di garantire un posto sicuro dove possano trascorrere il loro tempo e dove figure specifiche possano aiutarli a superare le loro difficoltà. Noi abbiamo sempre preteso che tutto questo fosse a carico delle famiglie, che sostengono il doposcuola, il tutor, gli insegnanti privati. Ma dovrebbe essere assolutamente a carico della scuola! Sono pienamente d'accordo sul fatto che i fondi stanziati non sono sufficienti, ma questo avviene perché non si è ancora capita l'importanza basilare che l'educazione riveste nel rilancio economico di un Paese.

La Romania è stata sotto regime dittatoriale fino alla fine degli anni '80. Oggi Bucarest è una città in ripresa che ha deciso di investire sulla cultura, istituendo un polo universitario moderno ed efficiente, perché si è resa conto che la vera e unica arma di un Paese è il sapere: la forza dei suoi governanti sta nel successo degli studi svolti.

Quando impareremo anche noi il messaggio?

Un altro problema per cui la scuola italiana è famosa riguarda la questione celeberrima del precariato, sulla quale è stato detto talmente tanto che le mie parole possono solo essere ridondanti. Dato che questo libretto, però, è pensato prima di tutto come un messaggio di incoraggiamento per chi vuole diventare insegnante una cosa da dirvi ce l'ho. Se intraprendete questa professione è altamente probabile che i primi anni lavorerete come precari. Farete delle supplenze in molte scuole, affitterete delle case – anche parecchio distanti dalla vostra residenza –, cambierete colleghi e classi per diverso tempo. Considerate questa fase come un'esperienza e un'opportunità di arricchimento. Cambiare spesso scuola vi offre l'occasione di confrontare approcci, metodi e organizzazione diversi, potrete mettere tutto a confronto e per la vostra formazione sarà un bene. Cercate di vivere questa fase traendone il meglio, vi renderete conto dopo di quanto è stata importante. Secondo me anche gli insegnanti di ruolo ogni tanto dovrebbero spostarsi in un'altra sede, per un anno o due, per evitare di fossilizzarsi. Naturalmente, se il precariato si protrae per quindici anni non è più facile vederlo come un'opportunità, anche perché arriva il momento in cui un docente che ha fatto la sua esperienza esige – e ha ragione – la sua stabilità. Questo è un altro aspetto su cui sarebbe ora di fare ordine una volta per tutte. Ma nessuno sembra interessato a sbrogliare la matassa.

A questi problemi se ne aggiungono altri di non minore importanza, fra cui uno di carattere estetico e uno di tipo psicologico. Sul primo punto voglio citare qui un passaggio di un illuminante pamphlet sulla scuola scritto dai professori Matteo Saudino e Chiara Foà:

"Occorre fare della scuola un luogo di bellezza: dall'architettura degli edifici (troppo spesso simili a ospedali o a carceri) al clima di umanità che si instaura nei luoghi di lezione, la scuola deve essere un posto in cui gli studenti hanno voglia e desiderio di passare il loro tempo. L'obiettivo è una scuola bella a 360° fatta di giardini, palestre, laboratori, aule spaziose e di progetti educativi finalizzati alla lentezza del vivere, all'inclusione, al prendersi cura di sé e al benessere collettivo. Ripensare la scuola significa mettere al centro il bello, inteso come spazio dell'anima in cui gli allievi e le allieve vivono quotidianamente esperienze teoriche e pratiche fondate sull'armonia tra le parti che genera progressivamente il benessere del tutto. Educare al bello, nel bello, genera il bello”[1].

La questione dell’edilizia scolastica italiana è drammatica. Edifici fatiscenti, aule sovraffollate, ambienti più genericamente brutti nei quali trascorrere diverse ore al giorno. Non è appagante. L’impatto di un contesto accogliente e piacevole alla vista sull’apprendimento non è mai stato tenuto in considerazione nel nostro Paese. Il principio per cui invece la scuola andrebbe ripensata mettendo al centro il bello, come affermato nel volume di Saudino e Foà, ha l’elettrizzante richiamo della rivoluzione copernicana.

L’altro aspetto, che indirettamente vi è collegato, riguarda il disagio che buona parte degli studenti prova nella gestione dell’esperienza scolastica. Come accennavo nell’introduzione sempre più spesso assistiamo a situazioni di ansia, per cui la paura del voto genera negli studenti e nelle studentesse una tale inquietudine da compromettere lo stato di salute psicologica e talvolta anche fisica, poiché questo tipo di malessere si manifesta in forme psicosomatiche. Psoriasi, nausea, cefalea, persino vomito, sintomi fisici di un malessere generato da un sistema scuola che non mette al centro la persona, bensì la prestazione. Giovanissimi in preda a spasmi, che affrontano il compito in classe come se fosse un’operazione a cuore aperto. Ho assistito personalmente a

---

1 Saudino, M. e C. Foà. *Cambiamo la scuola. Per un’istruzione a forma di persona*. Eris, 2021.

episodi disarmanti e mi sono chiesta dove stiamo sbagliando. La risposta non è univoca: c'è un sistema di valutazione basato esclusivamente sulla prestazione che, in nome dell'attendibilità di una presunta pseudoscienza quale la docimologia, pretende di inquadrare un individuo sulla base di una prova standardizzata, la cui oggettività è definita da indicatori di una griglia di valutazione. Non voglio demonizzare questo sistema, perché è evidente che i lavori svolti debbano avere una valutazione, è dovere degli insegnanti effettuarla e diritto degli studenti riceverla. Mi chiedo, però, se questo debba essere il sistema prevalente o se non dovessimo puntare su un altro approccio che tenda a valutare più che il prodotto finale il processo di apprendimento, la capacità di cooperazione, la metacognizione, la gestione della propria emotività. Una valutazione, se così possiamo dire, olistica, che riduca il peso del numero a favore di una valutazione motivata, esplicita, dettagliata, in grado di avvicinarsi di più alla complessità e ricchezza dell'essere umano di un semplice numero.

L'aspetto estetico e quello psicologico convivono nella discrasia del sistema scuola, orientato verso un funzionalismo chirurgico che non lascia posto alla dimensione umana. È da qui che dobbiamo ripartire per salvare il salvabile.

Una lezione molto bella ci viene impartita dal Bhutan, uno dei Paesi più poveri del mondo. Partendo dal Pil, è stato sviluppato il concetto reso in italiano con la sigla Fil, Felicità Interna Lorda, che trae spunto dalla filosofia buddhista e pone al centro la persona con le sue esigenze etiche, relazionali e spirituali, non economiche. Quello che la scuola come agenzia educativa dovrebbe apprendere: gli esseri umani prima di tutto.

5.
Come dovrebbe essere la scuola secondo i ragazzi

In questo capitolo ho raccolto alcune idee che provengono dagli alunni e dalle alunne. La scuola la definiscono i legislatori, i professori, i dirigenti, ma cosa ne pensano davvero i ragazzi? Se fosse più vicina alle loro reali esigenze vivrebbero l'esperienza in modo differente? Ecco le loro proposte.

"Per me una scuola deve rispettare ogni alunno, nel senso che troppi compiti per noi ragazzi sono davvero pesanti, anche se alcuni li fanno subito. Mi piacerebbe entrare alle 9 e uscire all'una e magari aggiungere delle ore pomeridiane per fare i compiti qui a scuola, per chi ne ha voglia. Sarebbe bello avere degli animali qui a scuola, fare lezioni all'aperto e avere più aree verdi. Vorrei anche classi meno numerose, siamo veramente troppi!"

Chiara, dodici anni

"La mia scuola dei sogni sarebbe così:

1. chiederei di sostituire alcuni libri con il tablet, per non portare lo zaino pesante;
2. chiederei di fare lezione dalle 9.30 alle 14

più una o due ore per chi si volesse dedicare ai compiti;
3. sempre legato al punto due aggiungerei un posto dove pranzare;
4. chiederei anche di eliminare materie in cui ci potremmo specializzare meglio al liceo;
5. per ultima cosa chiederei di aggiungere attività domestiche".

Sithmi, dodici anni

"La scuola dei miei sogni sarebbe quella scuola in cui si entra alle 9.30 e si esce alle 16, con una mensa molto grande e aule dove fare i compiti dopo pranzo. Vorrei un laboratorio tecnologico e molti cortili per le attività sportive. Vorrei venire a scuola anche il sabato per fare solo educazione fisica, gare e attività sportive".

Fabrizio, dodici anni

"La mia scuola dei sogni è tutta digitale, che al posto dei libri ha tablet e computer. Vorrei che ci fosse un'ora ricreativa per occuparti degli animali, come i cani, e dei tornei e un'ora per imparare a pulire, a cucire, a lavare i vestiti, così se impareremo velocemente potremo aiutare la mamma".

Matthias, undici anni

"La mia scuola dei sogni sarebbe così: dovrebbe iniziare alle 9 e finire alle 16, per poter fare i compiti qui così per casa non ce ne sono. Vorrei che le aule fossero calde, con sedie comode e banchi grandi per poter scrivere e disegnare bene e vorrei usare il tablet per sfogliare i libri digitali. Vorrei avere un'ora in cui si può ascoltare musica".

Simone, tredici anni

"Nella scuola dei miei sogni si entra alle 9 e si esce alle 16. C'è la mensa con diversi reparti per vegani e vegetariani (io non sono vegano, ma ho tanti amici che non mangiano carne). Poi vorrei anche un'ora a settimana in cui i ragazzi possono scegliere che attività fare".

Matteo, dodici anni

"La mia scuola dei sogni è una scuola con poche regole, ma giuste. Nella mia scuola dei sogni si entra alle 9.30 e non ci sono compiti per casa. Ci sono materie in più, come l'educazione domestica e l'educazione meccanica, perché se si fulmina una lampadina io voglio sapere come fare a cambiarla! Nella mia scuola ci dovrebbero essere più uscite didattiche e competizioni fra alunni di scuole diverse, per confrontarci. Vorrei anche più ore di educazione fisica, di scienze e di italiano, soprattutto mi piacerebbe fare esperimenti pratici in base all'argomento".

Chiara, undici anni

6.
La scuola è Resistenza culturale

Ho vissuto da sola per circa tre anni prima di sposarmi. Per tutto quel tempo non ho avuto la televisione. È stata una scelta ponderata perché mi rendevo conto che il palinsesto era vergognoso. Mi informavo sul mondo tramite internet e soprattutto via radio, un canale talvolta sottostimato che sa farsi veicolo di grande cultura, e non ho mai sentito la mancanza del mezzo televisivo. Per il nostro matrimonio i testimoni di mio marito ci hanno regalato un televisore gigantesco, di ultimissima generazione. Lo abbiamo messo in soggiorno e qualche giorno è capitato di accenderlo. Abbiamo notato che non è cambiato molto.

La proposta è più variegata rispetto al passato – ricordo che quando ero bambina i canali per me arrivavano fino al sei e quando capii che esisteva un numero sette mi sembrò una scoperta epocale – ma resta comunque il fatto che i canali più immediati, quelli più accessibili ai giovani siano sempre gli stessi. E l'offerta non è sicuramente educativa.

Voglio riferire un aspetto che è stato già detto da molti esperti della comunicazione attraverso i nuovi media, da sociologi, psicologi e pedagogisti. Il problema non sono *I Simpsons*, né che un programma come *I Griffin* vada in onda all'ora di pranzo, quando i bambini, con la pancia piena, si spaparanzano sul divano per rilassarsi prima di assalire le tonnellate di compiti che noi orchi assegniamo loro per casa. Il problema reale è che guardano senza capire cosa stanno guardando e nessuno spiega loro cosa succede. Ricevono senza decodificare, acquisiscono senza comprendere.

Su Netflix ha spopolato la serie *La casa de papel*. Io, personalmente, l'ho adorata. Un giorno ho sentito alcuni miei alunni di terza che canticchiavano *Bella ciao* e ho capito subito che non erano stati posseduti da un revival di spirito patriottico, ma più plausibilmente avevano guardato gli episodi alla tv. Era l'inizio dell'anno e non avevamo ancora parlato nello specifico della Seconda guerra mondiale. Ero colpita e lo spunto è diventato il modo per poter discutere con loro del contesto in cui era nata e si era diffusa quella canzone, che significato avesse, cosa volesse dire la parola "partigiano" che ripetevano senza carpirne il significato. La visione della serie non ha alcuna restrizione per i ragazzi, così come l'intera offerta di questa piattaforma e di altre. Se possono pagarsi un abbonamento hanno accesso a qualsiasi contenuto. Lo guardano, lo bevono, lo assorbono. Difficilmente lo capiscono. Ecco cosa intendevo parlando di conoscenze pregresse. I ragazzi e le ragazze arrivano a scuola con tutti questi contenuti che rappresentano solo un rivestimento perché da soli non riescono a cogliere a cosa si riferiscano, che cosa citino. Il mondo contemporaneo è un compendio di citazioni continue. Quanto sappiamo riconoscerle e decodificarle? Quanto i nostri studenti sono in grado di farlo? Gli insegnanti dovrebbero costituire il ponte di traduzione fra una banda di rapinatori chiusi nella Zecca di Stato e il movimento partigiano. Spiegare il passato alla luce della reinterpretazione che ne dà il presente per consentire a quegli alunni di comprendere il più possibile ciò di cui stanno parlando.

Le ultime statistiche relative al rendimento scolastico parlano in modo chiaro e sono piuttosto inquietanti, sebbene realistiche. I risultati in "Comunicazione nella madrelingua" sono sensibilmente più bassi della media europea e non perché l'italiano sia una lingua difficile o perché c'è troppo divario tra il livello di abilità acquisite e il presunto target da raggiungere entro una certa età. I dati delle prime prove Invalsi post covid hanno scatenato un acceso dibattito. La colata a picco, sensibilmente più tangibile in alcune regioni, è imputabile davvero ai mesi trascorsi in Dad o denota un abisso educativo di origine ben più remota?

Il problema principale è che questi test si basano essenzialmente su prove di comprensione del testo scritto e lì i ragazzi hanno serissime difficoltà. Per chi lavora nel settore non sarà nulla di nuovo, ma quando io ho cominciato a insegnare e mi sono accorta di questa aberrante verità sono rimasta senza parole. I ragazzi non capiscono quello che leggono. Vi sembra una cosa da poco? A me no. A me sembra gravissimo. Non capire il significato di un messaggio, anche semplice, significa che una persona non è in grado di comunicare con un'altra. Ne sono prova inconfutabile i gruppi WhatsApp che sorgono come i funghi. I genitori dovrebbero monitorare la fioritura di queste chat, invece si invischiano in gruppi ancora più morbosi. I ragazzi scrivono, non si capiscono e quando un compagno chiede un compito finisce sepolto fra decine di emoticon e gif senza senso – che poi, pure tu, se ti sei assentato non potevi telefonare a un compagno come abbiamo fatto tutti e farti dettare i compiti che ti mancano? Oggi esiste pure l'opzione *for dummies*: consultare il registro elettronico! Le chat sono il terreno fertile di incomprensioni e litigi che finiscono per essere gestiti in classe l'indomani. Sciogliamo nodi causati dall'incapacità di comunicare. Ditemi se non è un problema serio.

La comprensione del testo scritto non è l'unica difficoltà evidente. I programmi televisivi come serie tv, molti film e diversi cartoni animati sempre più spesso adoperano un codice di tipo ironico. L'ironia è ben diversa dalla comicità. Mentre l'effetto comico è diretto e suscita la risata immediata, l'ironia è più sottile e funziona in modo stratificato. Si genera ironia creando un ponte fra un dato elemento conosciuto e la sua decostruzione, ma affinché il messaggio venga colto dallo spettatore è necessario che l'elemento base, quello ironizzato, sia conosciuto davvero, altrimenti l'effetto si perde e non solo non si comprenderà il senso ultimo di chi fa ironia ma si rischierà di travisare prendendo sul serio ciò che si dice. Prendiamo un film brillante, originale e dissacrante come *Jojo Rabbit*, parodia intelligente e insolita sugli ideali nazisti che demolisce fino all'osso le fondamenta dell'ideologia usando come canale l'occhio disincantato di un bambino cresciuto nell'ideale dell'eroe ariano. Jojo è talmente convinto dell'assoluta validità di ciò che gli è stato trasmesso, aspira a tal punto a diventare il nuovo uomo di fiducia del Führer che elegge addirittura Hitler a proprio amico immaginario, consulente e confidente d'elezione. Il film smonta a uno a uno gli ideali razziali e guerrafondai, dimostrando quanto l'ideologia nazista somigli a una pretesa quasi infantile di vincere la guerra del mondo per dimostrare di essere il bimbo più forte. È un film sopra le righe e riuscitissimo nel suo intento, ma mentre lo guardavo, al cinema, mi sono chiesta: i miei alunni lo capirebbero? Un ragazzo di dodici anni sarebbe in grado di cogliere l'ironia o vedrebbe soltanto un Hitler buffone e cameratesco, con il quale in fondo sarebbe divertente fare amicizia? In sala c'erano dei ragazzi molto giovani. Hanno guardato il film sghignazzando e ridendo come matti davanti alle scene più intellegibili e direttamente comiche, un pugno nello stomaco o un volo dalla finestra li esaltava per l'immediatezza dell'effetto derisorio, ma appena il personaggio Hitler ha iniziato a trasformarsi rivelando la natura disumana che gli era propria con discorsi gridati, dal contenuto spietato, ho sentito uno di quei ragazzi dichiarare distintamente di non aver capito nulla. Ecco qual è il problema.

Siamo circondati da contenuti ironici; nei *Simpsons* e nei *Griffin* ce ne sono moltissimi. Sono anche in *Shrek*, che tanti bambini hanno sicuramente visto e amato senza capire la metà di quello che sottintendesse. L'assenza di cultura si riflette anche in queste piccole cose di ogni giorno. Credono di conoscere ogni cosa, di aver capito tutto, in realtà guardano e leggono e non comprendono neanche la metà di quello che si voleva comunicare loro.

Sia ben chiaro che la destrutturazione è pianificata con un programma intenzionale di appiattimento delle menti pensanti; le leggi scolastiche che si sono succedute, non ultima la 107, famosa Buona scuola, hanno convogliato la scuola verso una dimensione sempre più aziendalistica per cui quello che conta è la performance. Per ottenere un risultato competitivo sul banco di prova gli studenti non devono sapere, bensì saper fare, quindi a cosa serve imparare eventi e spiegare processi, la conoscenza dell'umanità si riduce alla competenza grafico-manuale nel disporre adeguatamente crocette. A chi predispone la normativa sta benissimo che i ragazzi non comprendano quello che leggono o che guardano, rende tutto molto più facile e controllabile. Ma noi non possiamo liquidare tutto con un'alzata di spalle, significherebbe disertare.

Come si combatte questo immane disastro? Come facciamo a dare a questi ragazzi le armi di cui hanno bisogno per difendersi dal plotone delle fake news, della disinformazione, dell'annebbiamento mentale? Dato che è una guerra, possiamo farlo con l'unico mezzo che la Storia ci ha insegnato. La Resistenza.

Io a volte lo sento che stiamo combattendo una

lotta, percepisco il partecipe affanno di tanti colleghi che come me vivono la scuola non come un mestiere, ma come una missione e mi sento privilegiata perché so che fra questi banchi si può fare la differenza. Sia ben chiaro, non mi sento mai brava abbastanza. Forse questo fa parte anche di mie tendenze caratteriali, ma penso sempre di poter fare meglio. Osservo i colleghi lavorare, ammiro le loro proposte e le loro strategie, credo che con la collaborazione si possano ottenere grandi risultati. Ho sempre amato la scuola media, che continuo a chiamare tenacemente così nonostante sappia bene che la denominazione è obsoleta e la chiamo in questo modo perché mi piace il senso di questo "media", la scuola che media, che fa da tramite, che aiuta a decodificare ciò che non è intellegibile. In questo senso ogni scuola è media, ogni docente è mediatore. Rendiamo decifrabile ciò che non lo è. I ragazzi annaspano tra informazioni confuse, percepite in forma discontinua da mezzi che non le forniscono in modo chiaro perché dimenticano il gap tra emittente e destinatario. In effetti non tocca a loro tenerne conto, i media mica sono insegnanti.

Mi piace pensare che la scuola sia un crocevia in cui si possono incontrare molte cose. Non solo persone, ma anche eventi, momenti, storie di vite che altri hanno condotto prima di noi. Si possono fare ipotesi per il futuro, progetti, sogni. È il luogo più culturale di tutti, più dell'Università che specializzando il sapere lo rende anche meno globale. Nella scuola si incontrano matematici, storici, artisti, atleti, viaggiatori, musicisti, architetti, scienziati, ricercatori, scrittori, drammaturghi, poeti. Se c'è un posto dove si può fare la Resistenza culturale, quel posto è la scuola. Se vi piace l'idea di stare in un luogo che – in potenza – è continuo rinnovamento culturale, la scuola vi sta cercando e ha bisogno di voi.

7.
Insegnare ad amare la lettura

Da quando ho aperto il canale YouTube ricevo tantissime richieste di consigli per lettori giovanissimi. Ecco una delle questioni a cui vengo chiamata a rispondere più di frequente. Mio figlio non legge, come posso fare a fargli venire la passione per i libri? I miei alunni proprio non ne vogliono sapere di leggere *I promessi sposi* d'estate, come posso fare?

La risposta a queste due domande è semplicissima.

Risposta numero uno: tuo figlio non avrà mai la passione per la lettura se tu pretendi che lui ce l'abbia.

Risposta numero due: i tuoi alunni non leggeranno *I promessi sposi* d'estate perché per la maggior parte dei dodicenni Manzoni è insopportabile. E, proposto così come vuole fare la scuola con i discenti del ventunesimo secolo, non solo per loro.

Io ho sempre amato leggere e sostengo che i libri siano una fonte inesauribile di salvezza perché creano luoghi immaginari e finché si possiede un'immaginazione fervida si potrà sempre sognare un luogo altro, una situazione migliore, un risvolto degli eventi e capovolgere così quei momenti della vita in cui sembra che il destino avverso si sia accanito contro di noi. L'immaginazione e la libertà camminano insieme.

Mi dicono che l'amore per la lettura deve essere trasmesso da qualcuno, ma nel mio caso non posso dire che sia andata così. I miei genitori non sono mai stati accaniti lettori, sicuramente non di narrativa. In casa mia c'erano testi prettamente scientifici – entrambi avevano conseguito lauree in campo biologico-naturalistico, pur dedicandosi anche ad altro – e poi dei manuali di tecnica della danza classica, settore al quale mia madre aveva poi dedicato la sua carriera professionale. Non c'erano romanzi, narrativa pura. I primi classici sono entrati in casa con me, che da bambina mi facevo accompagnare alla libreria Cavallotto di Catania e trascorrevo ore tra gli scaffali. I libri erano il mio regalo per la promozione, i compagni delle vacanze estive. Quando non leggevo, stavo scrivendo qualcosa con la macchina da scrivere che mi aveva ceduto mio padre, prima che arrivasse il Commodore 64. Per me si è trattato di una propensione naturale assolutamente ingiustificata, non istigata né promossa da alcun membro della famiglia.

Nel mio caso è andata così e mi rendo conto che è alquanto insolito. Tuttavia, il senso del libro, la devozione per le pagine stampate, il loro odore e il loro conforto, non è qualcosa che resta vincolato a me come persona. Se ami follemente una cosa desideri che anche gli altri la vedano con i tuoi occhi, un po' come quando ti innamori e aspiri a sentirti dire dalle tue amiche che hai trovato l'uomo più bello del mondo.

Nelle mie classi ho sempre letto ad alta voce. *La guerra di Troia*, *Il ritratto di Dorian Gray*,

Oliver Twist, *Il Canto di Natale*, *Le mille e una notte*, libri diversi, narrati a ragazzi delle medie, capitolo per capitolo, alla fine delle lezioni, quando sono stanchi e non riescono più a concentrarsi per apprendere nulla. Il libro diventa il premio, il momento in cui non devono fare altro che star seduti, rilassarsi e lasciarsi trasportare dalla storia. Quando siamo arrivati all'ultimo capitolo de *Il ritratto di Dorian Gray* ed è suonata la campanella, i ragazzi mi hanno chiesto per favore di farmi dare dalla docente dell'ora successiva dieci minuti per permettere loro di ascoltare la fine della storia. «Prof, la prego, legga» mi ha detto un tredicenne dagli occhi celesti che non riusciva a mantenere la concentrazione per più di cinque minuti durante le lezioni consuete, ma che in quel momento mi fissava imbambolato per conoscere l'esito delle tristi vicende del povero Dorian. «Prof, la prego, legga»: quell'imperativo ha la dolcezza del miele.

Certo, bisogna saper leggere. Non può essere una lettura apatica, disinteressata. Deve essere una lettura sentita, profonda, appassionata. Se non c'è passione non arriva niente. Ma in quel caso la passione non deve nascere spontaneamente in chi ascolta, viene profusa in modo naturale da chi narra. Genitori, più che chiedere come fare a rendere i vostri figli appassionati lettori provate a domandarvi se voi avete mai letto loro delle storie in modo appassionato. L'entusiasmo arriva anche per contagio.

Ho letto *Oliver Twist* alla fine del secondo quadrimestre. Restava l'ultimo capitolo per terminare il libro ed era l'ultimo giorno di scuola, un giovedì di giugno, l'aria calda di promesse salmastre, scherzi e libertà. Su una classe di ventidue si sono presentati addirittura in diciotto, e vi assicuro che è un evento raro a giugno inoltrato, perché volevano sapere cosa sarebbe capitato al piccolo Oliver.

Ho avuto, in una terza, un alunno estremamente affettuoso, ma molto insicuro e con scarsa autostima, nonostante le innumerevoli qualità. Un giorno ho convocato il padre perché rischiava di perdere l'anno. Il ragazzo si è molto arrabbiato, ha pianto, ha detto che nessuno di noi lo capiva. Non gli ho detto altro se non quello che avrebbe riferito qualsiasi altro insegnante: noi agivamo per il suo bene e aveva tutte le carte in regola per potercela fare. Anche Harry Potter aveva faticato perché era segnato da doti che gli altri non potevano immaginare e all'inizio lo vessavano proprio perché non capivano il suo essere speciale. Non so perché mi è venuto in mente quel paragone.

Un paio di giorni dopo, quel ragazzo apparve in classe con *Harry Potter e la pietra filosofale*. Il libro, non il film. Il film mi annoia, ha detto. Tre giorni dopo aveva già finito anche *La camera dei segreti*. Di rientro dal weekend piangeva per il finale di *Harry Potter e il calice di fuoco*. Io me la ricordo ancora quella mano alzata, mentre stavo per interrogare alcuni suoi compagni: «Prof, mentre sente gli altri, posso leggere?»

La lettura non si può trasmettere in modo diverso da questo. La ami e trasmetti il tuo amore di riflesso. Docenti che amate i libri, leggete in classe! Non dalle antologie, non fate a pezzi la bellezza dei romanzi. Fateli leggere per intero, fate calare i lettori in quello che succede, fateli immedesimare nei personaggi che incontrano, non vorranno più smettere.

Un anno ho letto con una seconda *I ragazzi della via Pal*, edizione integrale, quasi duecento pagine. Ho assegnato loro dei personaggi e alternato le voci narranti. A un certo punto gestivano la lettura in modo completamente autonomo. Il ragazzo che ha scelto di fare Boka era affetto da un serissimo problema di dislessia, il più grave che mi sia capitato, per lui era come se il testo fosse stampato in cirillico. Gli evidenziavo la parte, a casa provava a leggerla, i compagni in classe lo aiutavano, a turno, sottovoce, per lasciare comunque a lui l'onore della battuta. È un romanzo bellissimo quello di Ferenc Molnár, attuale oggi più che mai. Parla di bullismo e discriminazione, di onore e lealtà e delle doti che deve avere un leader, saggezza, onestà, imparzialità. Non arroganza e presunzione. Questo è il modo di combattere la prevaricazione, più potente di tanti discorsi di esperti di prevenzione del cyberbullismo che tengono conferenze ampollose a platee di giovanissimi inermi generalmente ben poco interessati. Parlare di queste tematiche sensibilizza i ragazzi fino a un certo punto. Immedesimarsi nella condizione del debole, del vessato, capire dall'interno i meccanismi della violenza, indignarsi perché non è giusto, inorgoglirsi quando un comportamento viene reputato equo.

I ragazzi hanno un gran senso della giustizia, per questo nei film esultano quando il colpevole viene punito, perché l'ordine naturale delle cose è stato ristabilito.

Io nutro una grande avversione nei confronti delle antologie scolastiche, dei romanzi riassunti in trafiletti di cui vengono restituiti pezzi fatti a brandelli. L'antologia sarà anche un modo comodo per proporre una panoramica sui generi testuali ed esercitare le varie competenze, ma è la nemica numero uno dell'amore per la lettura. Gli spezzoni narrativi proposti, per quanto introdotti e spiegati, sono sempre fuori contesto e non permettono al lettore di cogliere il senso che il passaggio ha nell'economia di un testo integrale. La fine di *Mastro don Gesualdo* ha senso solo leggendo per intero *Mastro don Gesualdo*, non isolando un episodio per fare assaggiare lo stile dell'autore. L'autore non è un pasticcino, mica si assaggia. Il lettore medio non capirà comunque lo stile di Verga e avrà perso il piacere di immergersi nella storia. Vogliamo usare le antologie perché ci sono già le attività proposte, perché sono state redatte da esperti? Benissimo, usiamo i racconti, le poesie, i testi espositivi, non i romanzi. Dobbiamo avere il coraggio di far leggere i romanzi in edizione integrale. La lettura immersiva appassiona i ragazzi, sviluppa la capacità di concatenazione causa-effetto, educa all'empatia, favorisce davvero la comprensione del testo. Il ricorso alle antologie come principale forma di lettura è un retaggio da Inquisizione, che impone la censura letteraria sottraendo ciò che è troppo difficile, licenzioso o ritenuto inadatto. Ma inadatto a chi? I giovani sono costantemente sottoposti a contenuti inadatti e non filtrati. Almeno, in una lettura condivisa, possono essere discusse e spiegate le intenzioni che ci sono dietro a un gesto, una parolaccia, un ricatto. Meglio se è difficile, saranno più curiosi di capire.

Se volete che i ragazzi amino leggere bisogna far sì che la lettura sia una cosa bella, avvolgente, confortante. Bisogna proporre testi adeguati in cui ci si possa riconoscere. *I promessi sposi* è un romanzo importante per la nostra letteratura, ma non parlano la lingua che serve ai giovani, a meno che noi non troviamo il modo di avvicinarli alla bellezza del romanzo. Docenti mediatori, docenti traghettatori, conduciamoli per mano sulle sponde della loro crescita dotandoli degli strumenti giusti per affrontare le sfide che si stanno trovando davanti adesso, nel loro mutare, e insegniamogli che nei libri possono trovare consolazione, aiuto, speranza, sogno e libertà.

8.
Questioni di metodo

Tecniche didattiche innovative. Digitalizzazione dell'apprendimento. *Cooperative learning*, *flipped classroom*, *role playing*. Crocifissione della lezione frontale. Abolizione del programma, tripudio alla programmazione. Sembrano essere queste le direttive in voga negli ultimi anni a proposito di metodi didattici. Ovviamente, il fine è il raggiungimento della rinomata "competenza", questo passe-partout che sembra in grado di aprire tutte le porte e che nemmeno i formatori sanno definire in maniera univoca. Ho seguito una decina di corsi sull'argomento e non ho segnato due volte la stessa definizione. O gli esperti non si sono messi d'accordo o è un concetto talmente vario e fluido da non sottostare alle regole rigide della categorizzazione.

Nei corsi di abilitazione questi metodi vengono presentati in forma generica, più difficilmente si mettono in pratica; ma lo sappiamo bene noi, la nostra alta formazione rimane ancorata a una tradizione teorica radicata. In realtà molti di questi metodi tanti insegnanti li hanno messi in pratica ben prima di conoscere quale nome fosse stato loro affibbiato. La *flipped classroom*, per esempio, questo innovativo metodo scandinavo, io l'ho adottato in modo del tutto istintivo fin dalle primissime supplenze. «Ragazzi, domani parleremo della Rivoluzione industriale. Fate delle ricerche oggi pomeriggio così potremo discuterne insieme». Ecco servita la *flipped.* Il docente funge ancora una volta da mediatore per rendere accessibile agli alunni la comprensione di qualcosa.

Questo metodo non è sempre idoneo. Ci sono delle situazioni in cui è ancora necessario, anzi imprescindibile, ricorrere alla lezione frontale. Qualcuno potrà rabbrividire dinanzi a tanta obsoleta affermazione, ma io sostengo, e tantissimi colleghi condividono questo punto di vista, che alcuni argomenti vadano presentati e spiegati. Gli alunni ascoltano, imparano a mantenere l'attenzione, a prendere appunti, a formulare domande se qualcosa non è chiaro. La lezione frontale non può essere demonizzata, sarebbe solo controproducente. Più che altro, va affiancata e alternata ad altre tecniche che variano in base a ciò che si vuole affrontare e, soprattutto, alla classe che si ha davanti.

Un approccio metodologico basilare dovrebbe fondarsi sul riconoscimento degli stili cognitivi, ossia "le modalità di elaborazione dell'informazione che la persona adotta in modo prevalente, che permane nel tempo e si generalizza a compiti diversi"[2].

Tali stili, come tutti i docenti d'esperienza sanno bene, sono rintracciati nelle seguenti coppie:

- Globale/Analitico
- Sistematico/Intuitivo

---

2 Boscolo, P. "Intelligenze e differenze individuali". In AA.VV., *Intelligenza e diversità*. Loescher, 1981.

- Impulsivo/Riflessivo
- Dipendente dal campo/Indipendente dal campo
- Convergente/Divergente
- Verbale/Visuale

Riconoscere gli stili cognitivi degli alunni presenti nella propria classe è fondamentale per sviluppare un metodo didattico, che pertanto può essere elaborato solo dopo aver familiarizzato con la classe. Soprattutto con le prime, la fine di ottobre è veramente troppo presto per presentare una programmazione, che deve tenere conto di una molteplicità di elementi che non si possono dedurre in poche settimane, se non in modo approssimativo.

Il riconoscimento del canale di apprendimento preferenziale sembrerebbe lo step più semplice anche perché si deduce con test molto pratici e anche divertenti. Uno di questi l'ho appreso in una sede che con la scuola e i corsi di formazione non aveva molto a che fare, ma che mi ha insegnato più del tirocinio formativo attivo, ovvero un laboratorio teatrale. Prima dell'inizio della lezione si portano in classe degli oggetti, una quindicina circa, e si dispongono su un banco, coperti da un telo in modo che gli alunni non possano vederli. Quando il telo verrà spostato gli alunni avranno quindici secondi di tempo per osservare gli oggetti; una volta coperti di nuovo, potranno andare a posto e trascrivere il maggior numero di oggetti che riescono a ricordare. Questo esercizio facile permette di capire chi è più predisposto a una memorizzazione per immagini. Lo stesso esercizio può essere effettuato sostituendo gli oggetti con parole scritte. In questo caso si prepara su un foglio una lista di nomi, la si mostra a un alunno per volta che può osservarla per quindici secondi e poi scrivere ciò che ricorda. Da qui emerge chi ricorre preferenzialmente a un apprendimento di tipo visivo-verbale. Non si tratta ancora di insegnare qualcosa, ma di capire come funzionano i meccanismi mentali delle persone che si hanno davanti. Questo è solo una delle tante attività che mi sono portata in classe dai laboratori teatrali. Il potenziale di questi strumenti è enorme e mi stupisce sempre il fatto che in Italia ancora nessuno abbia proposto ai docenti un percorso formativo per integrare la didattica con strumenti drammatici. C'è ancora chi pensa che fare teatro significhi imparare a memoria un copione e metterlo in scena su un palcoscenico in un botta e risposta di battute. Il teatro non è questo. Il teatro è la più grande chiave di interpretazione della vita che esiste. Se ne serve la psicologia, l'economia, la politica, perché la scuola ancora no? Sarebbe una grande svolta per la scuola se decidesse di mettere in campo queste tecniche. Io devo quasi tutto quello che sono al teatro, che mi ha insegnato molto di più di qualsiasi corso di abilitazione. Ma torniamo a noi.

A questo punto, però, devo dirvi che il percorso di elaborazione di un metodo di studio attraverso la scoperta degli stili di apprendimento non è una pietanza che viene servita, masticata, digerita e finisce lì. Come in tutti gli ambiti che riguardano la conoscenza il percorso è sempre in divenire; questo significa che il metodo di studio non è definito una volta per tutte, ma può evolversi e modificarsi nel corso del tempo, accogliendo nuovi stimoli o adattandosi alla disciplina che si intende studiare. Ciò vale in modo particolare per gli anni della scuola media, dove gli alunni entrano bambini ed escono adolescenti, ma anche per gli adulti. Io ho scoperto nuovi metodi di apprendimento delle lingue straniere a più di trent'anni e ho iniziato a usarli modificando con risultati più efficaci l'approccio metodologico che avevo impiegato su me stessa per più di un decennio.

Molti alunni apprendono attraverso il canale visuale. Per me, che sono una verbale, impulsiva, istintiva, globale, convergente e dipendente dal campo, confrontarmi con chi ha stili diversi è una sfida continua. È la sfida di tutti noi ed è uno degli aspetti più appassionanti del nostro lavoro in termini strettamente didattici. Sperimentare il metodo più appropriato, inventare approcci idonei. L'insegnamento è un mestiere fortemente creativo.

Un anno ho avuto una classe formata da alunni che prediligevano in maggioranza il canale uditivo. Mi sono accorta che anche i ragazzi più capaci e abituati a studiare dal libro di testo ricordavano con più precisione i dettagli della lezione che avevo proposto oralmente in forma di narrazione. Riuscivano a esprimersi anche con un lessico specifico e ricercato se una parola l'avevano ascoltata anziché letta. Ho proposto loro di registrare con l'applicazione del cellulare la mia lezione e di riascoltarla a casa, nel momento dello studio. La qualità della loro esposizione orale è migliorata sensibilmente. A quel punto li ho invitati a ripetere gli argomenti tenendo il libro di testo davanti agli occhi in modo da poter aggiungere dettagli precisi e poi ad ascoltare la loro voce senza più guardare il volume. Anche in questo caso l'esposizione orale è stata più che soddisfacente. Questo è un caso pratico in cui la tecnologia è davvero un supporto utile all'apprendimento.

Metodi ce ne sono a iosa e di certo non ce n'è uno più valido di un altro. Vanno alternati, calibrati in funzione dell'argomento che si va ad affrontare, integrati fra loro, se possibile. Resta anche valida la massima di Jung per cui "i bambini vengono educati da quello che gli adulti sono, non da ciò che dicono".

Ogni anno a dicembre partecipo al salone dell'editoria indipendente che si tiene a Roma, salgo in treno, una notte di viaggio, e la notte successiva rientro in Sicilia con lo stesso mezzo. Le mie alunne si sconvolgono quando dico loro che mio marito non viene. «Ma non ha paura da sola? E lui resta a casa senza di lei?» «Non ho paura, ragazze, e mio marito questa volta non viene perché ha il suo lavoro da fare e comunque risparmiamo un po' se parte una persona sola». A loro sembra inaudito, perché vengono da realtà – ancora esistenti – in cui marito e moglie viaggiano insieme, o al massimo è il papà che va fuori per lavoro, ma una donna che da sola si mette su un treno e parte per la capitale equivale alla versione postmoderna de *Il giro del mondo in 80 giorni*. Se conoscono un solo modello di comportamento, per loro è quello l'unico modo di vivere possibile. Se io parto da sola offro loro un'alternativa e non lo faccio raccontando la storia di una bambina vissuta in un paese del Sud-est asiatico che poi è diventata presidentessa, ma con l'esempio pratico di una realtà prossima, raggiungibile. Credo moltissimo nel potere dell'esempio, il "se ce l'ho fatta io puoi farcela anche tu". È il senso ultimo di questo scritto, puoi farcela anche tu. Perché io ho un'intelligenza nella media, nessuna raccomandazione, non credevo che ci sarei riuscita e invece è successo. Quindi cosa impedisce a te di riuscirci?

9.
Lifelong learning (e verità scomode sulla scuola di cui pochi parlano)

Aveva ragione Eduardo De Filippo, gli esami non finiscono mai. Perché non si finisce mai di imparare e di arrivare al banco di prova dove bisogna dimostrare di aver acquisito qualcosa. Apprendimento per tutta la vita. A noi insegnanti è stata resa obbligatoria la cosiddetta formazione in servizio, per cui ogni anno siamo tenuti a frequentare corsi di aggiornamento su tecniche didattiche, innovazione digitale, didattica inclusiva e affini.

Vi prego, lasciate che vi illustri come funzionano realmente questi corsi. Sappiate che nessuno dice mai le cose come stanno e che intorno a questo argomento c'è un reticente pudore, come se su determinate dinamiche vi fosse un tabù, quindi la verità non emerge. Ma io oggi ve la voglio raccontare, perché a proposito di teatro – che non viene mai proposto come attività per i docenti, come vi dicevo – a me le recite piace farle sul palcoscenico e non nella vita.

Solitamente questi corsi durano dalle sedici alle trenta ore, di cui alcune da svolgere in presenza e altre online, anche se dall'avvento della pandemia lo slittamento su piattaforme digitali, come sappiamo, è stato massiccio. Le attività in presenza sono articolate in incontri di circa tre ore ciascuna che, perlomeno nelle occasioni in cui sono stata mio malgrado coinvolta, cominciano sempre mezz'ora dopo l'orario indicato e terminano mezz'ora prima del previsto, con un abbondante break di quindici minuti sulla carta – trenta de facto – per recuperare le energie. Delle tre ore previste se ne svolge fattivamente una e mezza, ma non conta perché hai firmato un orario di ingresso e di uscita che garantisce la tua presenza e ti assicura che riceverai un attestato di partecipazione. Fatto sta che hai bruciato un'ora e mezza della tua vita nel sollazzo non richiesto del perder tempo. Le attività online, poi? Basta scaricare delle slide, che occuperanno placidamente gigabyte del tuo portatile senza tornare mai veramente utili. Il problema che ci massacra è la burocrazia, procedure che si ingarbugliano in lungaggini senza alcun senso se non denotare la nostra effettiva incapacità di gestire un sistema efficiente. Da qualche anno il Ministero eroga ai docenti un bonus, la cosiddetta carta del docente, di valore pari a cinquecento euro l'anno, da spendere per l'acquisto dei libri – cosa che io ho fatto finora – oppure da investire in strumenti come tablet e computer o ancora da utilizzare per pagare uno di questi corsi di aggiornamento. Per un periodo circolò la voce che il bonus sarebbe stato ritirato perché i docenti non lo utilizzavano per iscriversi alla piattaforma Sofia, quella che gestisce appunto i corsi a pagamento. Qualcuno ha provato a domandarsi perché i docenti non si iscrivono a questi corsi, anziché denunciarne la cattiva condotta? Non siamo tutti discoli Lucignoli che non hanno voglia di tornare sui banchi di scuola, piuttosto l'offerta erogata raramente è degna del nostro tempo e questa è la verità. Spesso le scuole-polo organizzano corsi gratuiti a livello locale, quindi è molto più intelligente iscriversi a quelli, con sedi più vicine da raggiungere, e destinare il bonus ad altro. Inoltre, sarebbe molto interessante poter seguire corsi di aggiornamento sulle discipline che abbiamo scelto di insegnare e non solo lezioni di carattere didattico-metodologico che ripetono con parole trite e ritrite concetti teorici ben posseduti da tutti, senza mai proporre attività laboratoriali che farebbero emergere aspetti su cui discutere. Pare che una volta diventati insegnanti la conoscenza della disciplina possa permettersi il lusso di passare in secondo piano, perché sono altri gli aspetti da valutare. Ma per il successo in una classe fa molto di più un insegnante appassionato che sa farti rapire da una pagina di storia, il viaggiatore che durante l'ora di geografia ti fa venir voglia di fare i bagagli, il musicista che ti incanta facendoti innamorare di Chopin di un tecnocrate ipercompetente in materia di docimologia che valuterà l'alunno senza margine d'errore, ma avrà fallito su tutto il resto.

Noi adulti abbiamo molto da imparare. A volte ho l'impressione che insegniamo senza renderci conto di essere i primi a trasgredire quelle semplici regole di convivenza civile che pretendiamo in aula. Perché durante un consiglio di classe, mentre il coordinatore cerca di tirare le somme, c'è la collega con gli occhi fissi sul tablet e un altro impegnato in un'interminabile telefonata con il figlio? Perché durante un collegio docenti è più interessante che una maestra mostri alla collega le foto del diciottesimo della nipote piuttosto che ascoltare le notizie comunicate dal preside? Sembriamo sempre tutti caduti dalle nuvole quando arrivano le circolari, intanto durante la riunione avevamo recitato un annoiato coro di approvazione, nella speranza di tornare presto a casa. Sono verità scomode, che nessuno ha il coraggio di dire, ma io penso che dovremmo darci una bella strigliata da soli. Non possiamo chiedere ai nostri alunni di parlare alzando la mano e non accavallarsi se noi non siamo capaci di farlo. Non possiamo lamentarci del comportamento di un alunno con Adhd che non rispetta il proprio turno se noi per primi non ascoltiamo gli altri quando parlano. Abbiamo la pretesa di esprimere la nostra opinione, sempre, anche quando sta parlando qualcun altro. Sulle piattaforme per le riunioni online tutti hanno bisogno di dire a voce alta "Buongiorno" e "Buonasera", senza capire che nessuno sta ascoltando e che le voci finiscono per accavallarsi in una cacofonia sgraziata. Abbiamo una bulimia verbale, non importa che qualcuno ci stia a sentire, l'importante è dar fiato alle trombe.

Carlo Emilio Gadda, nel suo *Giornale di guerra e di prigionia*, scriveva questa considerazione: "Litigare per sciocchezze e con sterilità di risultati è un gran contento per gli italiani in genere"[3].

---

3 Gadda, C. E. *Giornale di guerra e di prigionia*. Sansoni, 1955.

È la verità, questa caratteristica ci contraddistingue. Siamo polemici e litigiosi, non accettiamo le critiche e crediamo di avere sempre ragione. Non sono bei tratti del carattere. Ma esserne consapevoli è il primo passo per rendersi conto che è necessario cambiare rotta se si vuole ottenere qualcosa che non siano solo chiacchiere. Il nostro *lifelong learning* dovrebbe essere orientato verso un costante monitoraggio dei comportamenti che, lo vogliate o no, saranno di esempio. Noi siamo un modello e possiamo decidere di essere un riferimento positivo o negativo. La maestra simpaticissima che adora la sua classe e da cui è adorata non può fumare in cortile durante la ricreazione, è una questione di coerenza. Con ciò non intendo dire che dobbiamo essere perfetti. Anzi, a mio avviso noi insegnanti dovremmo proprio imparare a essere imperfetti, ad accettarlo, a sbandierarlo ai quattro venti addirittura. Non è più tempo di crogiolarsi sul piedistallo. Bisogna stare in mezzo ai ragazzi, mostrarsi fallibili, spiegare che tutti possono sbagliare, prof compresi. Anche noi viviamo incarcerati in un'ansia da prestazione che non ci fa sentire all'altezza della situazione. Io l'ho sentito sulla mia pelle fin dal primo momento. Solo che invece di perseverare a recitare una parte pirandelliana, a un certo punto ho deciso di togliermi la maschera e di svelarmi per ciò che sono. Sono un'insegnante, ma anche un'attrice, una ballerina, una scrittrice. Mi piace ascoltare e cantare musica rock. Ho i miei dubbi, le mie incertezze, a volte dimentico di inserire un voto nel registro elettronico, fa tutto parte di me. Invece di fustigarmi perché non sono stata abbastanza precisa ho deciso di rivestirmi del mio umano e personale limite e accettarmi per ciò che sono. Ho iniziato a respirare e anche io mi sono sentita meglio.

10.
Come dovrebbe essere la nostra scuola

Ho detto all'inizio che la funzione di questo testo non è lamentarsi, ma incoraggiare. Ho voluto illustrarvi alcuni punti deboli della scuola perché per portare nuove energie è necessario conoscere il terreno dissestato su cui ci si muove. Queste osservazioni non servono a riprendere la solita tiritera su quanto tutto funzioni male, ma al contrario, fungono da trampolino di lancio per guardare a quello che si può fare. Ci servono nuove forze, energie vive che vogliano fare della scuola quel polo di rinnovamento culturale che può salvare le sorti del nostro Paese.

L'educazione può tutto. I programmi di indottrinamento nei regimi totalitari generano mostri umani perché attuano un intenzionale processo di desensibilizzazione, diseducazione all'empatia e irrigidimento delle risposte emotive. Se questa concatenazione è reale, sarà vero anche l'opposto, ossia che un'educazione positiva, mirata alla cooperazione, al rispetto e alla solidarietà potrà generare esseri umani più tolleranti. Allora perché questo non succede? Perché ci sono ancora fenomeni di bullismo, di intolleranza, di violenza anche fra giovanissimi? Perché la scuola combatte una battaglia enorme. Una sola istituzione che sostiene la promozione del sé, l'autostima e il successo formativo contro un'intera società che ci bombarda con immagini estreme, telegiornali che divulgano principalmente informazioni ansiogene, una società che rema contro ripetendo che non è possibile emergere dalla catastrofe. Ricordate quella cantilena che vi hanno detto tante volte? «Non ce la farai mai, ma che ci provi a fare…» Se ha un effetto destabilizzante su degli adulti, figuratevi su ragazzi in crescita.

Mi è capitato più di una volta di sentirmi rispondere alla domanda «Cosa vuoi fare da grande?» in modo agghiacciante: «Vabbè, prof, quello che capita, tanto lavoro non ce n'è…»

Io rabbrividisco. Non posso tollerare che un ragazzino di undici anni parta con questa disillusione proprio nella nostra epoca che, a dispetto di quanto sostengano gli immancabili nichilisti, è decisamente più prospera di molte altre età del passato e fornisce innumerevoli possibilità di realizzazione personale e professionale. Un ragazzino deve avere desideri grandi, immensi, anche visionari. Deve voler fare il pilota, l'archeologo, l'astronauta. Una ragazza deve poter sognare di ricevere il premio Nobel per la scienza. Un grandissimo nome della pedagogia italiana, Danilo Dolci, ha scritto in una poesia che "ciascuno cresce solo se sognato". È una frase importante, ci ricorda quanto sia essenziale che qualcuno creda in noi e se noi docenti crediamo nei ragazzi loro crederanno in sé stessi. Non è facile quando tutto marcia nella direzione opposta, quando la televisione e internet offrono modelli distruttivi, le famiglie veicolano sfiducia – molto spesso è così – e la crisi dei valori condivisi impedisce di trovare un punto di riferimento che faccia da guida. Non è facile, ma il modo c'è. Ribalta completamente la situazione, ma può salvarci tutti. La scuola portatrice di valori, la scuola fatta di persone che credono negli alunni, nelle loro potenzialità, può diventare il nuovo baluardo di stabilità e coraggio. Non voglio fare discorsi utopistici, ma proporre quello che concretamente dovrebbe cambiare nella scuola di oggi. Prendiamo la scuola media come esempio, quella che conosco meglio, e vediamo cosa potrebbe migliorare.

I ragazzi sono sottoposti a un numero di insegnamenti esagerato e a una mole di lavoro a casa inaudito. I tempi di attenzione, lo dicono scienziati che hanno studiato i meccanismi dell'apprendimento, non superano i venti minuti in un adulto, figuriamoci in un undicenne cresciuto nell'epoca dei social. Sottoporli a lezioni di sessanta minuti è improponibile e non è facendo ridicole variazioni all'orario interno che le cose migliorano – ho lavorato in una scuola in cui la prima ora andava dalle 8.13 alle 9.02, per fare un esempio di quanto la fantasia amministrativa possa precipitare nel ridicolo. Il modo per cambiare è nella gestione della lezione. Una spiegazione di non più di quindici minuti seguita da un'applicazione pratica immediata e, potenzialmente in base all'argomento, una verifica altrettanto immediata. Le attività vanno svolte in aula per la maggior parte del tempo e gli esercizi per casa ridotti all'osso. Quando farli allora? Durante la lezione successiva, prima di iniziare un nuovo argomento o riprendere lo stesso. Dieci minuti, venti anche, per proporre esercizi mirati per verificare lo stato dell'apprendimento. Sì, è vero, significa più lavoro per noi. Non ho mai detto che sarebbe stato semplice.

Oltre alla questione della singola ora di lezione subentra il problema del monte ore giornaliero. Non si può, ripeto, non si può tenere i ragazzi in classe dalle 8 alle 14. La prima ora non capiscono quasi nulla perché sono ancora nel mondo dei sogni e l'ultima non capiscono proprio nulla perché sono stanchi e affamati. È come per i nostri corsi di aggiornamento, firmiamo per tre ore e ne abbiamo fatte la metà. Voglio fare mio il motto dell'architetto Ludwig Mies van der Rohe, "*less is more*", e traslarlo al mondo della scuola media. Ne verrà fuori una specie di sogno a occhi aperti, pratica verso la quale ho sempre avuto una certa dimestichezza e voglio condurvi per mano a guardare questo sogno. Lo so, non è reale e capisco che qualcuno comincerà ad avanzare impedimenti. Ma sognare è gratis e mi è sempre piaciuto, quindi lo faccio ancora una volta.

Immaginiamo una scuola che inizi alle 9 del mattino e termini alle 13, con un break di venti minuti a metà mattina. Queste ore sono dedicate alle discipline di base, lingua madre, lingua inglese – sì, mi dispiace per i puristi, ma è ridicolo pensare che non sia indispensabile –, storia e geografia, matematica e scienze. Fondamentali, almeno una volta a settimana, i corsi della cara vecchia economia domestica, incontri che insegnino ai ragazzi e alle ragazze a cucinare piatti semplici, gestire i conti di casa, pagare una bolletta, cambiare una lampadina, fare il bucato. In questa scuola è possibile usufruire di un servizio mensa, com'è normale in molte scuole europee, asiatiche e statunitensi. Secondo uno studio della University of Rochester Medical Center, gli adolescenti che entrano in aula prima delle 8:30 possono essere particolarmente a rischio di depressione e ansia a causa della qualità del sonno compromessa[4]. Nel pomeriggio, fino alle 16 o giù di lì, i ragazzi restano a scuola per dedicarsi a varie attività, musica, teatro, gruppi di lettura, laboratori di scrittura creativa, seconda lingua straniera, laboratori di tecnologia e informatica, atletica, corsa, sport di squadra, bricolage, giardinaggio. In questa scuola dei sogni nelle ore pomeridiane ci sono dei docenti o dei tutor che garantiscono la loro assistenza ai ragazzi che vogliono formare gruppi di studio o seguire specifici corsi di recupero. Questo meraviglioso parco giochi del sapere, infatti, resta comunque aperto fino al tardo pomeriggio, dopo la fine delle attività organizzate, e diventa centro di ritrovo e di condivisione.

Non ho ancora finito, adesso arriva la parte che a tanti docenti potrebbe non piacere. L'anno scolastico, iniziato il 1° settembre, non finirà il 30 giugno. Due mesi di vacanze estive sono troppi per questi ragazzi, i cui genitori continuano a lavorare e non sanno più a quale gruppo estivo

---

4 Peltz, J. S. et al. "A process-oriented model linking adolescents' sleep hygiene and psychological functioning: the moderating role of school start times". *Sleep Health: Journal of the National Sleep Foundation*, Volume 3, Issue 6, 465 - 471.

votarsi per dare qualcosa da fare ai poveri figli annoiati. In questo visionario ideale scolastico le vacanze natalizie si protraggono per tre se non quattro settimane; un periodo equivalente di sospensione delle attività didattiche arriva tra marzo e aprile, in corrispondenza della primavera; si procede poi con le lezioni fino alla fine di luglio, per sospendere di nuovo nel mese di agosto per le vacanze estive. «Ma a luglio non si può andare a scuola, è disumano!» protesteranno gli habitué del lido con cabina vista risacca. Lo è se si propongono le stesse attività svolte durante l'anno. Visto che è un sogno, permettetemi di sognare. Fatemi sognare una scuola convenzionata con le piscine comunali – ce ne sono in tanti paesi – con i centri sportivi, con le piste di atletica, con le biblioteche, con i cinema, con i teatri. A luglio l'offerta didattica cambia. Si frequenta per meno ore, evitando quelle più calde, un giorno si va a vedere un film – i cinema sono deserti in estate e le mattine sicuramente non ci sono frequentatori, quindi aprirli alle scuole potrebbe essere proficuo per entrambe le parti –, un altro uno spettacolo a teatro, un altro ancora si va a disputare una gara di nuoto con una scuola di un paese vicino. Non ci sono piscine? Si farà pallavolo. Le idee di certo non mancano quando in campo ci sono docenti volenterosi e appassionati e nel nostro Paese ce ne sono molti. Si possono organizzare incontri con esperti, con persone che hanno lasciato un segno nel proprio paese, con professionisti che raccontino com'è fare un certo mestiere, cosa significa essere cuoco, autista, giornalista, medico, farmacista, avvocato, scrittrice, biologa. Attività concentrate in questo periodo dell'anno e non infilate a forza durante lo svolgimento delle lezioni, tanto per spezzare il ritmo e far esultare per lo slittamento della verifica di matematica.

Non è vero che i docenti sono attaccati ai loro due mesi di vacanze e non glieli leva nessuno. Mi sono confrontata con tantissimi colleghi che, come me, preferirebbero avere una pausa più lunga a Natale e un'altra sosta in primavera, piuttosto che luglio a non far niente. Sarebbe una distribuzione più equilibrata, ci permetterebbe di ricaricare le pile e darebbe un respiro da compiti e interrogazioni anche ai ragazzi. Rinvigorirebbe anche l'economia e il turismo: pensate a quante famiglie potrebbero andare in vacanza per dieci giorni a marzo, invece che ad agosto, con un clima migliore e un notevole risparmio!

Mi si potrebbero muovere molte obiezioni e sarei pronta a smontarle a una a una. Per fare la prova del nove, per vedere se davvero è una proposta valida o si tratta solo di una visione fatua alla Robert Owen si potrebbe provare, testare il modello su una scuola, vedere cosa succede. Io ho imparato che le grandi rivoluzioni nascono dai sogni, da quell'essere umano sognato in cui qualcuno ha creduto. Da sola non ce la posso fare. Ma se qualcuno cominciasse a sognare con me potrebbe diventare reale.

11.
Amare incondizionatamente

Carissimi colleghi e colleghe e aspiranti docenti, c'è una cosa che dobbiamo ricordare. Non esiste insegnamento al di fuori della relazione affettiva. Non è possibile trasmettere alcun messaggio, né raggiungere fini educativi se non si amano le persone che si hanno davanti. Non è questione di competenze relazionali, abilità retoriche, laurea con centodieci e lode; conoscere ciò di cui si parla è fondamentale, ovviamente, ma non è ciò che garantisce il successo formativo. È il rapporto, la fiducia a crearlo. Un ragazzo, una ragazza, non ha bisogno solo di qualcuno che spieghi cosa e come deve studiare, ha bisogno prima di tutto di una guida che lo ami e che gli faccia sentire che è capace e può farcela. "Amore", che parola inconsueta per la scuola, non è vero? Pensiamo sia un'invenzione per vendere più Baci Perugina per San Valentino. Invece l'amore è il motore primo del nostro mestiere. Quello che fa fremere lo stomaco pensando alla nuova classe che ci aspetta, ai progetti che si potranno realizzare, ai viaggi fisici e immaginari, alle storie, alle avventure. Non è il lavoro noioso di chi deve colmare dei registri, infatti la valutazione è forse la pratica più sgradita, perché è complicatissimo ridurre delle persone, il loro universo, i loro progressi a numeri che li identificano senza dire niente di davvero importante su di loro.

L'amore deve circolare libero e interscambiabile nelle classi, dal docente agli alunni, dagli alunni ai docenti, tra gli alunni e tra i docenti. Io ho un ottimo rapporto con tutti i miei colleghi. Ci parliamo l'un l'altro con educazione e rispetto, quando qualcuno va in vacanza d'estate rientra con un pensierino per gli altri. I ragazzi ci guardano stupiti. «Ma perché lei e la professoressa M. vi siete abbracciate?» «Perché non ci vediamo da due mesi e siamo contente di essere di nuovo insieme».

I ragazzi hanno bisogno di guide e modelli, non di automi dispensa compiti. Fargli percepire la nostra umanità, il nostro dispiacere, la nostra gioia è un'educazione all'emozione.

Un anno, una collega di musica prossima alla pensione ha organizzato un concerto per pianoforte in una sala comunale e mi ha chiesto di cantare due brani. A turno avrebbero partecipato tutte le classi. Quando è arrivato il momento della mia terza mi sono accorta subito che in sala mancava quasi metà classe. Il collega che li aveva accompagnati mi ha spiegato che ha dovuto lasciare a scuola qualcuno perché non tutti avevano portato l'autorizzazione firmata. Il giorno dopo ho allestito un *circle time* e ai ragazzi disposti in cerchio ho spiegato che c'ero rimasta molto male, perché avevo piacere di far sentire loro quelle canzoni e la superficialità con cui avevano dimenticato di far firmare il permesso era stata per me una delusione. «Quel momento non tornerà più e abbiamo perduto l'occasione di viverlo insieme». I ragazzi non avevano capito l'effetto che poteva provocare la loro azione. Parlare delle proprie emozioni è molto importante. Diamo sempre per scontato che gli altri intuiscano i nostri desideri e ci arrabbiamo se non soddisfano bisogni che non abbiamo mai espresso chiaramente. Dobbiamo tutti imparare a parlare in modo più chiaro. Viviamo nell'epoca della comunicazione, ma galleggiamo nell'incomprensione.

L'esperienza della didattica a distanza ci ha rivelato quanto più dei contenuti ciò che conta è la relazione. Nella mia scuola è capitato che gli alunni cominciassero a scegliere quali lezioni seguire. Con certi professori si collegavano puntualmente e svolgevano tutte le attività richieste, con altri, invece, disertavano inventando le scuse più improbabili, dal classico «Non ho connessione» al più fantasioso «Devo prestare il computer a mia nonna che ha la riunione online del gruppo di pittura su tela». Questo atteggiamento, naturalmente, non è ammissibile da un punto di vista comportamentale e nella valutazione ne è stato tenuto conto, ma a mio avviso, da un altro punto di vista, ciò è emblematico perché accende un campanellino d'allarme a cui tutti i docenti dovrebbero prestare attenzione. Perché i ragazzi non vengono alla mia lezione? Cosa sto sbagliando? A un insegnante della scuola statale non capita facilmente di avere l'aula vuota. La classe è quella e gli alunni sono tenuti a presentarsi. Non funziona come all'università o come in una scuola di danza, per esempio, dove vi assicuro che se non date sempre il massimo gli allievi se ne vanno da un'altra parte e non potete farci nulla. Questo spinge a lavorare bene, a non abbassare la guardia e a fare del proprio meglio. Nella scuola il fenomeno del deserto accade raramente, quindi noi docenti abbiamo la percezione che tutto sia dovuto. L'assenteismo calcolato in Dad, invece, ha risvegliato l'attenzione su un aspetto sottovalutato: la scelta. Gli alunni – erroneamente, poco educatamente – hanno scelto cosa seguire e cosa no, hanno stabilito per cosa valeva la pena fare click sulla riunione in corso e quando fosse più interessante finire una serie tv o dormire di più. Hanno ripreso in mano il diritto di fare quello che più gradivano. E certi docenti hanno sentito per la prima volta che la presenza della classe non è una garanzia. Quella presenza si deve meritare e per farlo bisogna curare, prima di tutto, la relazione.

Mi piace pensare alla scuola come una palestra dell'amore, dove allenarsi a riconoscere i sentimenti degli altri ed esprimere i propri. Ascoltare i suggerimenti, fidarsi delle esperienze di chi nella scuola lavora da più tempo di noi. I colleghi sono una fonte inesauribile di scambio e di ricchezza. Arrivare in classe e pretendere di sapere subito come si fa è il primo passo per il fallimento. In questa società si parla poco dei vantaggi dell'essere umili mentre credo che coltivare questo valore sia un'enorme ricchezza. Ci offre l'opportunità di ascoltare cosa gli altri hanno da dire, farne tesoro, imparare. Io apprendo continuamente dai miei colleghi, persone straordinarie, e nutro affetto nei loro confronti. Credo che l'amore sia possibile anche in questa direzione. Un insegnante deve anche far questo, educare all'amore. Amare i propri alunni incondizionatamente è il primo indiscutibile passo.

12.
Intuizioni

Per diventare insegnanti ci vuole moltissima preparazione, tantissimo studio, tenacia, impegno e pazienza. Lo sappiamo bene. Tuttavia, una volta entrati in una vera aula, ci si accorge che gli insegnamenti ricevuti nei corsi di formazione non sono sufficienti. Quando sono entrata di ruolo mi sono state assegnate due classi, una terza e una seconda, la cui docente di Lettere dell'anno precedente era stata poco presente per motivi di salute e a conti fatti i ragazzi versavano in uno stato lacunoso difficile da recuperare. In quell'occasione ho ripreso tutti gli appunti dei corsi abilitanti e ho capito che là dentro avrei trovato pochi suggerimenti utili. Era il momento di attingere all'intuizione, più che alla lezione. Ho imparato allora che nell'insegnamento molte volte fidarsi del proprio fiuto è più utile di qualsiasi pacchetto metodologico preconfezionato.

Vi racconto una storia vera per fare un esempio concreto.

Era un venerdì, ultimo giorno della settimana e per di più maggio. Le maniche corte, il sole, le altre classi che fanno la staffetta in cortile proprio davanti alla nostra finestra. Mantenere la concentrazione è quasi impossibile. Ero in una seconda media, una classe brillante, vivace, ma caciarona. Erano le 13, avevamo già trascorso insieme due ore e gli studenti erano al limite della sopportazione. Tre ore di fila con la prof di Lettere sono pesanti, anche se è l'insegnante con le migliori intenzioni del mondo. La classe era agitata. Si muovevano, si alzavano, si sedevano, si grattavano, si chiamavano da un banco all'altro con lo stesso entusiasmo con cui Cristoforo Colombo avvistò terra pensando di trovarsi in India.

Dovevano svolgere un lavoro di gruppo sulla pena di morte ed erano disposti a isole, tre o quattro per formazione. Erano belli, con l'argento vivo addosso. Ma in quel modo arrivare alle 14 sarebbe stato sfiancante. Non vi nego che anche io ero stanca e temevo che tirare fino al suono della campana sarebbe stato sfibrante. Non so dirvi come mi sia venuto in mente perché non lo so. Forse la forza della sopravvivenza o forse perché ho visto la foto del mio pastore australiano sullo sfondo dello smartphone e mi sono ricordata di Pavlov e che il rinforzo è un grande aiuto. Nella mia concezione dell'insegnamento il comportamentismo è estremamente utile, nell'accezione in cui i ragazzi vanno premiati, più che puniti.

«Ritagliate tutti un quadratino di carta» ho detto. «Adesso tu, solo tu Valeria, disegna un pallino con la matita al centro del foglietto, bello grande. Richiudete tutti i vostri foglietti».

I ragazzi hanno eseguito con uno schizzo di curiosità perché non capivano dove volessi andare a parare.

«Adesso consegnatemi tutti i foglietti» e ho spiegato loro le mie intenzioni. Ho ridistribuito a caso i foglietti ripiegati e ho spiegato che li avrebbero dovuti aprire senza farsi vedere dagli altri. La persona che troverà il foglietto con il pallino è l'osservatore silenzioso.

Cosa fa l'osservatore silenzioso? L'osservatore ha il compito di osservare silenziosamente il comportamento dei vari gruppi, mentre continua a lavorare con il proprio. Dovrà essere discreto e non farsi notare e potrà rivelarsi solo alla fine, per dichiarare alla prof quali gruppi hanno lavorato bene in base alle sue osservazioni e quindi meritano un "più". Questa tecnica del "più" e del "meno" io la applico da sempre e so che anche altri colleghi la usano con successo. Ogni volta che un alunno o un'alunna avanza un intervento costruttivo o svolge un'attività facoltativa gli assegno un "più". Raggiunti i dieci "più", metto direttamente un dieci sul mio registro e il conto riparte da capo. Lo stesso vale con i "meno", solo che devono stare più attenti perché basta arrivare a cinque "meno" per ritrovarsi un cinque sul registro. I ragazzi ci tengono molto a questa cosa dei "più" e dei "meno". Il sistema appunto è quello del rinforzo comportamentista, applicato in ambito didattico a dimostrare che più del successo del compito, dell'interrogazione, insomma della performance – parola che a me non piace per niente in questo contesto, ma viene usata da tantissime persone – ciò che veramente conta è il processo di apprendimento, la costanza e la dedizione. Io l'ho sempre trovato efficace.

In quel caso ho tenuto a precisare che sarebbero stati premiati i gruppi più meritevoli, non per il lavoro finale, ma per il modo in cui avevano condotto il lavoro in classe. Avevano cooperato? Avevano rispettato un clima di lavoro parlando sottovoce in modo da permettere anche agli altri gruppi di concentrarsi?

Cosa succede se un membro del gruppo non lavora, alza la voce, disturba il proprio o gli altri gruppi? Non viene premiato nessun membro del gruppo. L'interesse alla partecipazione e al coinvolgimento collettivo è comunitario. Questo significa che nessuno prende un "più", ma non ci sarà neppure un "meno" . In generale ritengo che sia più stimolante l'idea di agire per ottenere un premio del timore di sbagliare per incorrere in una punizione. Ho sempre ritenuto che incoraggiare per un riconoscimento porti più benefici che minacciare con una nota negativa.

Superando ogni mia più rosea previsione, l'esperimento ha offerto risultati impressionanti. Il giorno prima, la gestione dello stesso lavoro di gruppo era stata a dir poco faticosa perché i ragazzi si distraevano e alcuni scoppiavano in improvvise risate che disturbavano i più concentrati. Con questo espediente invece l'ora è volata. Sembrava di stare in una biblioteca. Alla fine, tutta la classe ha ottenuto il "più" per il modo in cui è stata capace di gestire il lavoro.

La presenza di una figura misteriosa suscita curiosità, ma non conferisce a nessuno l'oneroso dovere del prefetto che nell'espletare le proprie funzioni mette in crisi l'armonica integrazione nelle relazioni amicali. Ho ripetuto la pratica altre volte, anche in altre classi. Si è rivelata efficace soprattutto nelle ultime ore e nei momenti di maggiore stanchezza degli studenti.

Non so se questa tecnica ha dei precedenti, se qualche pedagogista l'ha descritta attribuendole un nome specifico. Se esiste, io non la conosco. La mia tecnica è stata frutto di un'intuizione in una mattina di maggio ed è solo un esempio di come, a volte, dobbiamo fidarci di quello che sentiamo per ottenere dei risultati.

13.
Famiglie sopraffatte

Prima ho lasciato in sospeso uno dei temi più scottanti che riguardano la scuola italiana: i genitori. Ci si lamenta spesso della perdita di autorevolezza del ruolo docente e delle intromissioni delle famiglie nelle scelte didattiche, nella valutazione, nell'organizzazione scolastica. L'immagine che viene trasmessa a livello nazionale della nostra professione non è lusinghiera. Se ancora non siete insegnanti vi accorgerete che, una volta entrati in questo mondo, spesso da parte di chi lo vede dall'esterno verrete bollati come privilegiati che lavorano poco e traggono benefici di cui hanno il coraggio di lamentarsi. Ci si sofferma sulla meravigliosa prospettiva dei due mesi di vacanze, senza rendersi conto che il livello di responsabilità a cui si è sottoposti non è paragonabile ad altre professioni. A noi vengono affidate persone, per la maggior parte minorenni, e per tutto il tempo che passiamo insieme sono sotto la nostra totale responsabilità. E non solo in classe: noi siamo responsabili di buona parte di ciò che quelle persone diventeranno in futuro. Se avranno abbastanza fiducia in sé stessi per affrontare il mondo, se saranno capaci di accettare le sfide e mettersi in gioco, se avranno appreso a rispettare tutte le persone, buona parte della responsabilità sarà stata nostra.

Fortunatamente io ho subito aggressioni verbali da parte dei genitori in rarissime occasioni, ma so di storie aberranti riportate dai colleghi. Il problema non è legato solo alla nostra figura professionale, ma ritengo che sia in generale l'effetto di una comunicazione sempre più esasperata, di modelli di comportamento trasmessi dai media dove i protagonisti dei teleschermi sono molto spesso aggressivi, ignoranti e sostanzialmente maleducati.

Costruire un dialogo positivo e costruttivo è anche parte del nostro lavoro, non più solo con i ragazzi, ma anche con gli adulti. Non possiamo calare di tono, scendere all'infimo livello. C'è un'altra parola antica, oltre "amore", una parola che non si sente più da molto tempo, ma che io trovo bellissima ed è "decoro". Noi insegnanti dobbiamo rispondere non con le sciabole della guerra, ma con l'eleganza del decoro.

Spinoza ha scritto che non bisogna deridere, non bisogna compiangere, né condannare, ma comprendere. Nonostante le aggressioni non siano affatto giustificabili, voglio provare a mettere in atto questo principio filosofico e domandarmi perché le famiglie siano diventate così indisponenti.

Accusiamo sempre le famiglie di negligenza e disorganizzazione, ma non ci rendiamo conto che per due genitori che lavorano è estremamente impegnativo gestire la vita sempre più multitasking dei figli. Accompagna in piscina il grande, prendi a danza la piccola, porta dal veterinario il criceto, fai la spesa che finiamo per cenare di nuovo alla rosticceria sotto casa… La vita di una famiglia è oberata da doveri e il livello di stress è sempre molto alto. Il tempo che si passa insieme è poco e riempirlo di lamentele perché il compito di geometria non è andato bene è del tutto inutile: significa sottrarre alla famiglia il tempo di godersi la bellezza di condividere una cena, dei sorrisi, la forza che ancora oggi un nucleo affettivo così intenso può scambiarsi.

Identifichiamo una coppia di genitori esclusivamente nel ruolo che deve svolgere. È vero che i genitori hanno un dovere educativo nei confronti dei figli, è stabilito anche nel nostro Codice civile, ma non si è mai parlato di abnegazione e spersonalizzazione del soggetto. Essere padre non significa non essere più un bravo giocatore di calcetto o un appassionato di musica lirica che ama andare a teatro. Essere madre non vuol dire dimenticare che la cura del proprio giardino ha sempre trasmesso grande benessere o che si sta svolgendo una carriera professionale piena e appagante in uno studio legale. I genitori non sono solo genitori e io credo che buona parte della rabbia, del disappunto, dell'astio che alcuni di loro riversano su certe figure professionali come la nostra siano il risultato di un sovraccarico di aspettative, di una tendenza alla repressione di aspirazioni personali che davanti alle priorità dei figli passano sempre in secondo piano. Il loro arrabbiarsi, pretendere, polemizzare a me a volte sembra quasi un modo di ricordare a tutti che esistono, che sono persone, che anche loro hanno dei sogni come i ragazzi di cui parliamo, i figli che sono sempre al centro dell'attenzione.

Ma fino a qualche anno fa erano loro quei figli, quei ragazzi verso i quali era focalizzato tutto, di loro si parlava alle riunioni, per i loro viaggi si risparmiava, per loro si prospettavano scenari. Non credo sia bello scendere bruscamente dalla giostra e ritrovarsi a spingerla da sotto, a farla girare perché qualcun altro si sballi al posto nostro. Non so se qualcuno ha mai guardato la faccenda da questo punto di vista.

Qualche tempo fa ho avuto un colloquio con la mamma di un ragazzino inseritosi ad anno inoltrato. L'alunno presentava notevoli carenze e, nonostante svolgesse sempre i compiti a casa in modo preciso e completo, in classe non riusciva ad aprire bocca se interpellato. La signora mi disse che aveva smesso di lavorare per occuparsi dei due figli. Mentre il grande andava già alle scuole superiori e riusciva a essere autonomo, il piccolo era lento, studiava per inerzia e solo se sollecitato da lei che in pratica trascorreva i pomeriggi a pungolarlo per fargli finire un riassunto o un problema mentre lavava piatti e stirava camicie. «Quando era alle elementari non era così, ci facevamo delle belle passeggiate al centro commerciale, me lo chiede sempre di farle ancora...» mi disse. «E perché non le fate più?» le domandai. «Perché alle medie i compiti sono troppi, perde tempo, si fanno già le sette, io devo preparare la cena e non ha ancora finito le scienze». Non ci vuole una laurea in Psicologia per capire che il ragazzo aveva bisogno di ritrovare sua madre, che non gli serviva una tutor, ma una persona amata che trascorresse del tempo con lui e visto che non poteva più averla come una volta era lento a fare i compiti, così almeno la mamma gli avrebbe fatto compagnia. Proposi alla signora, per un giorno, di sorprenderlo: invece di fare i compiti, dopo pranzo, di andare al centro commerciale e di non parlare di scuola, di interrogazioni, di aspettative e delusioni. «Ma come, e viene impreparato?» «Io lo giustifico per una volta. Vediamo cosa succede». La signora se ne andò con le lacrime agli occhi e capii che non era solo il ragazzo ad aver bisogno della madre, ma anche lei rivoleva il figlio da poter amare incondizionatamente, da non dover bacchettare, da cui non dover pretendere per forza che facesse qualcosa. Ha funzionato? Diciamo che la pratica non è stata ortodossa, ma la signora è venuta a ringraziarmi. E da allora il ragazzo si è presentato spontaneamente a sostenere le interrogazioni.

Forse mi sto sbagliando e abbiamo davanti solo degli irriducibili maleducati. Ma non posso farci niente, sono un'insegnante: credo sempre nella possibilità di redenzione. A tutte le età.

14.
Un insostituibile sostegno

Tutti i docenti, qualsiasi disciplina scelgano di insegnare, dovrebbero vivere almeno un'esperienza di lavoro sul sostegno didattico. Se state affrontando il percorso di formazione per insegnanti, non sottovalutate questa via, anzi, consideratela quasi una tappa obbligata. Vi darà una marcia in più che vi porterete dietro per sempre. Lavorare sul sostegno vi insegnerà moltissimo, anche se aspirate a diventare docenti di Musica o Francese.

Da questo punto di vista l'Italia è un Paese fortemente innovativo e inclusivo nel quadro europeo. Da decenni abbiamo abolito le classi speciali, propendiamo per un'educazione inclusiva, riserviamo attenzione e cura agli alunni con disabilità e, creando un pacifico clima di cooperazione in classe, favoriamo lo sviluppo di competenze affettivo-relazionali tolleranti e aperte al dialogo. Certo, non è sempre così, spesso il telegiornale ci sottopone immagini raccapriccianti di abusi e violenze ai danni dei più deboli; ma è anche vero che i media tendono sempre a mostrare l'albero che cade e non la foresta che sta crescendo.

Semmai, di insegnanti di sostegno ce ne sono ancora troppo pochi e non sempre il loro lavoro viene valorizzato. Trovo del tutto improponibile il ricorso a queste figure professionali come tappabuchi per colleghi che prendono un giorno di malattia o un'ora di permesso, pratica in vigore un po' dappertutto, purtroppo. Inoltre, si fa ancora l'errore di considerare il docente di sostegno unico responsabile dell'alunno disabile, mentre la normativa parla in modo molto chiaro di assegnazione del docente alla classe in cui è inserito l'alunno con disabilità. Pertanto, il docente è un supporto alla classe, non al singolo alunno. Certo, ci sono casi e situazioni estremamente complicati in cui il docente viene affiancato a ragazzi gravissimi, che non possono stare nemmeno in classe perché rischiano di danneggiare sé stessi e gli altri. Ho visto colleghi crollare sfiancati da situazioni ingestibili, abbandonati da tutti perché "il docente di sostegno sei tu". Giusto, il docente di sostegno. Non lo psichiatra, l'infermiere, l'assistente igienico sanitario. Il docente di sostegno fa da supporto, da tramite, semplifica l'apprendimento e media le relazioni sociali, diventa una figura di riferimento per tutti gli alunni della classe che normalmente creano un rapporto molto solido con questo perno che rimane con loro mentre i professori curriculari si alternano. Ogni classe avrebbe bisogno di un insegnante così, che aiuta chi resta indietro e monitora il gruppo classe, la sua presenza rinforzerebbe moltissimo il senso di guida di cui i ragazzi hanno bisogno. Nel pieno dell'imparzialità dico comunque che non tutti i docenti di sostegno che ho conosciuto hanno chiara la loro funzione e sono quelle le situazioni che risultano urticanti: mi è capitato di chiedere una mano a un collega di sostegno per preparare una verifica adattata al Pdp di un alunno dislessico e la sua risposta è stata che non era di sua competenza occuparsi di alunni al di fuori della ragazza disabile della classe. Ecco, io questo lo reputo ignobile, nonché inappropriato: il docente, appunto, è assegnato alla classe, non all'alunno o alunna con disabilità.

Io ho lavorato sul sostegno in due scuole nell'arco di due anni e ho tratto molti insegnamenti da quell'esperienza che tuttora mi servono nel mio mestiere di insegnante disciplinare. L'individualizzazione dell'apprendimento è funzionale sempre, anche con i cosiddetti normotipi e non bisogna aver paura ad assegnare consegne diverse. Una volta analizzati i reali bisogni degli alunni – non della classe, ma degli alunni – proporre interventi su misura è una strategia efficace per raggiungere risultati soddisfacenti. Le cosiddette attività di recupero, consolidamento e potenziamento vanno costruite ad hoc, dopo una verifica in itinere, ad esempio, o dopo aver svolto una prova sommativa. Se due alunni hanno preso entrambi sette, ma uno non ha chiari i complementi di tempo, mentre l'altro fa confusione tra quelli di luogo, sarà del tutto inutile proporre a entrambi esercizi di recupero generale, ma dal punto di vista strettamente didattico sarà più proficuo differenziare le attività, concentrando la pratica sulle criticità di ciascuno. È chiaro che per noi è un lavoro più lungo ed è inappellabile anche il fatto che la retribuzione economica da noi percepita non compensa neanche lontanamente l'impegno che tale lavoro richiede. Questo è il passo in avanti che dovrebbe fare il nostro Paese riconoscendo il ruolo che abbiamo e decidendosi anche, una volta per tutte, a stabilire regole ferree per cui non si possono formare classi di ventisei, ventotto persone. Un vero leader sa che per far funzionare bene la sua azienda, squadra, team e così via deve infondere entusiasmo e dare gratificazione. Anche noi docenti abbiamo bisogno di sostegno, di sentirci valorizzati per ciò che facciamo; il riconoscimento può essere un propulsore e invitarci a fare ancora meglio, a credere nelle nostre potenzialità. I presidi che sanno apprezzare i propri docenti hanno in cambio personale soddisfatto e propositivo. Tutti hanno bisogno di ricevere fiducia, ne abbiamo bisogno anche noi.

15.
Tutto quello che i corsi abilitanti non vi insegneranno

Tfa, anno 2013. Prima lezione di Didattica della letteratura italiana per la classe di concorso A022. Stessa bellissima aula ricavata dalla parete di roccia nella sede storica della facoltà di Lettere di Catania, il Monastero dei Benedettini. Entra il docente, professore ordinario del corso di laurea, incaricato di insegnare a noi "tieffini" come proporre la letteratura italiana nella scuola media. Si siede, ci saluta e ci chiede: «Allora, quanti anni avranno i vostri alunni, quindici, sedici? È passato tanto tempo da quando ho frequentato le medie».

Non è una barzelletta, purtroppo, ed è un episodio sintomatico dello stato dei corsi abilitanti in Italia. Questo è stato il caso più eclatante, ma in generale non posso dire di aver imparato qualcosa di significativamente utile in nessuna lezione del corso di abilitazione. Le ore in aula abbondavano di *Teoria* della pedagogia, *Teoria* della psicologia dello sviluppo, *Teoria* dell'informatica, *Teoria* della docimologia, nessun laboratorio pratico – e quando c'erano consistevano nel rispondere a quesiti a scelta multipla sugli argomenti trattati *teoricamente* a lezione. L'unico corso in cui ho appreso qualcosa che uso ancora adesso è stato quello di Didattica della lingua italiana, tenuto dal vicepreside di una scuola primaria del ragusano, un maestro elementare che con passione e coinvolgimento ci ha insegnato dei giochi grammaticali ed esperimenti linguistici per veicolare l'apprendimento delle regole della nostra lingua. È stata l'unica occasione in cui ci è stato presentato un vero metodo, delle proposte fattive, che tuttora adopero e riscuotono molto successo perché i ragazzi mi chiedono sempre di fare grammatica. Purtroppo, si è trattato di un unicum e mi dico sempre che la mia qualità come insegnante oggi sarebbe nettamente superiore se avessi avuto dei buoni maestri. Non torna tutto, dunque? Voglio cercare di dare agli altri quello di cui io ho avuto solo un assaggio. È questo lo spirito che dovrebbe animarci tutti, dare agli altri ciò che non abbiamo avuto o, se abbiamo avuto la fortuna di avere buoni insegnanti, permettere che altre persone possano godere della stessa esperienza tramite noi.

Come farlo al momento non lo insegna nessun corso di abilitazione. Se ne avete frequentato già uno sapete come funziona, a meno che non siate stati decisamente più fortunati di me e sarei molto felice per voi in quel caso. Se ancora non avete vissuto questa esperienza vi accorgerete che alla fine la normativa scolastica non sarà più un mistero per voi, ma il primo giorno di supplenza elemosinerete a un collega veterano la spiegazione del funzionamento del registro elettronico. Conoscerete vita, morte e miracoli di Piaget, ma nessuno vi avrà avvisato che prima della fine dell'anno scolastico dovrete compilare il modulo con la richiesta ferie.

Ci saranno altre cose che non vi diranno e di cui farete esperienza sulla vostra pelle. Nessuno vi dirà che davanti a voi ci saranno occhi che aspettano che li sorprendiate con una storia, mani che fremono perché vogliono mostrarvi un problema difficile che hanno risolto da sole, stomaci in subbuglio perché il ragazzino con gli occhi azzurri dell'altra prima quella mattina ha rivolto un saluto. Nessuno vi dirà che quelle persone vi racconteranno i loro sogni, le loro paure, le loro delusioni, i loro successi e quando supereranno un ostacolo o vinceranno un timore sarete lì con loro. Nessuno vi dirà che qualcuno dovrete consolarlo per cose che non pensavate vi spettassero, la perdita di un nonno, di un padre, di un amico troppo giovane. Nessuno vi dirà che il giorno della prova scritta degli esami sarà l'ultima volta in cui ve li troverete davanti tutti insieme e saprete che quel momento non tornerà più, magari qualcuno passerà a trovarvi, ma così in quel modo, tutti insieme, non li avrete mai più. Sarà un momento solenne, quasi sacro, si percepirà palpabile la sua irripetibilità. E voi sarete lì, a guardarli di fronte a voi tutti uniti per l'ultima volta, saluterete i vostri viaggiatori sperando di aver remato bene e mentre mentalmente augurate loro buona continuazione non potrete fare a meno di sentire nel cuore un pizzico di orgoglio e un velo di malinconia.

16.
Insegnare

"Per quanto riguarda l'educazione dei figli, penso che si debbano insegnare loro non le piccole virtù, ma le grandi. Non il risparmio, ma la generosità e l'indifferenza al denaro; non la prudenza, ma il coraggio e lo sprezzo del pericolo; non l'astuzia, ma la schiettezza e l'amore alla verità; non la diplomazia, ma l'amore al prossimo e l'abnegazione; non il desiderio di successo, ma il desiderio di essere e di sapere"[5].

Mi piacciono queste parole di Natalia Ginzburg, sono dirette e semplici e contengono un grande messaggio pedagogico che dovremmo far nostro ogni giorno. Per insegnare tutto questo dobbiamo ricordarci della nostra funzione di guida. Tutti ne hanno bisogno. Nelle società arcaiche e in molte comunità religiose attuali viene riconosciuto un ruolo portante a chi possiede certe qualità naturali o è stato insignito di speciali responsabilità per prendersi cura degli altri. In generale, tuttavia, predomina nel nostro tempo uno svuotamento di valori e punti di riferimento, supportato da politiche opportuniste e antiumanitarie che non possono che accrescere il senso di sbandamento esistenziale.

Farsi guida significa assumere l'onere di essere un punto di riferimento, di riassumere nella propria figura e attraverso l'istituzione che si rappresenta la stella polare cui i ragazzi possono rivolgersi per trovare il modo di orientarsi in questa giungla socioculturale troppo anarchica. È un compito arduo e non è detto che lo si possa svolgere a lungo. Qualche tempo fa il presidente nazionale di un celebre sindacato ha proposto il pensionamento anticipato a cinquantotto anni per i docenti, in quanto sottoposti a lavoro usurante. Io credo che la questione sia più complessa e non si limiti a range di tipo anagrafico. Ho conosciuto colleghi prossimi alla pensione che fino all'ultimo giorno di carriera hanno investito nella scuola anima e corpo, lottando con passione per gettare le basi di progetti di cui avrebbero per necessità passato il testimone a qualcun altro. In compenso, ho avuto a che fare con colleghe neanche trentenni che all'assegnazione della nomina calcolavano in quale momento dell'anno sarebbe stato più propizio avviare una gravidanza per usufruire di un periodo più prolungato di maternità. Non è una questione di età, ma di energia e passione. Joseph Pilates, l'inventore del metodo di educazione posturale che ha riscritto la storia del benessere olistico, diceva: "Non è tanto importante quello che fai, ma come lo fai". Il nostro lavoro non può essere considerato al pari di un impiego d'ufficio, non valgono le stesse regole. Ci sono presidi illuminati che fanno la differenza e hanno bisogno di essere riconosciuti e valorizzati. Docenti di sostegno che imprimono una vera svolta educativa e continuano a essere vergognosamente considerati figure di serie "b". Ci sono classi che aspettano di essere svegliate da docenti che hanno voglia di rendere ogni incontro un momento irripetibile. I ragazzi non hanno bisogno di gente che si fa sistemare l'orario scolastico per incastrare il parrucchiere. L'orario va formulato in funzione della didattica. E quattro ore di italiano di seguito, perché la collega non vuole fare il cambio altrimenti non sa quando far venire la signora delle pulizie, non è didattico. Mi dicono che io faccio cose speciali, ma non è vero. Io faccio quello che qualsiasi insegnante normale fa e nella scuola di colleghi in gamba, motivati, curiosi, creativi, ce ne sono moltissimi. Io adesso lavoro in una splendida scuola dove prima di tutto c'è la voglia di cooperare fra colleghi, scambiarsi idee e proposte, mettere su progetti. La nostra scuola funziona perché prima di tutto siamo una famiglia, non un team, né una squadra tecnica o un manipolo aziendale: noi siamo una famiglia.

La scuola italiana, la nostra scuola, ha bisogno di questo. Persone che si ricordino ogni giorno che insegnare significa letteralmente lasciare un segno, non fornire istruzioni operative, altrimenti saremmo istruttori, come quelli delle sale fitness, e non insegnanti. Amate il vostro mestiere, amatelo con tutto il cuore. C'è bisogno di gente motivata, di persone che sappiano lasciare questo segno. C'è bisogno che chi già lo fa sia gratificato e chi non lo sa fare lasci spazio a chi ne sente profondamente il richiamo. L'educazione può tutto. Crediamoci. Ce la possiamo fare.

Ringraziamenti

Voglio ringraziare prima di tutto chi sta leggendo: se avete questo libro in mano vi interessa l'insegnamento o magari mi avete sentita parlare su YouTube ed eravate curiosi di sapere come scrivessi. Ringrazio la mia amica Elisa Barbaro e la mia collega Stella Bolignano, che hanno dedicato un po' del loro tempo a questo libretto, aiutandomi a identificare imprecisioni e refusi.

Ringrazio la collega e amica Laura Ferraro per avermi spinta a pubblicare questo testo.

Voglio ringraziare tutti gli alunni che ho avuto nei dieci anni in cui ho insegnato prima e dopo il ruolo e che mi hanno resa una persona migliore. Io vi amo profondamente.

Ringrazio di cuore i miei colleghi e le mie colleghe dell'Ic Salvatore Casella di Pedara, che mi hanno accolta in una grande famiglia. Senza togliere niente a nessuno, perché sono grata a tutti, voglio però rivolgere un ringraziamento speciale a Lucia Valenti, che in poco tempo mi ha insegnato più di tutti i corsi abilitanti, e a Nino Bellia, che mi ha ricordato che se hai una bella voce devi usarla.

Ringrazio Erica Isotta e Women Plot per aver dato fiducia a quello che avevo da dire e per lo straordinario progetto che sta conducendo.

Ringrazio tutte le persone che con costanza e affetto seguono i miei progetti sui social, Youtube, Instagram e il gruppo di lettura su Facebook.

Ringrazio mio padre e mia madre per avermi spronata ad andare avanti su questa strada, seppur non sempre le nostre idee sulla vita siano state del tutto coincidenti.

Ringrazio mio marito Salvo: noi non siamo solo una coppia, siamo una squadra. Non ti ringrazierò mai abbastanza per ciò che sei.

Biografia dell'autrice

Martina Ásero (Catania, 1987) insegna Lettere in una scuola media. È attrice, coreografa e scrittrice e dirige con il marito la Compagnia Teatrale Sesto Senso. Gestisce il canale YouTube *Ima AndtheBooks* dedicato al mondo dei libri e della lettura. Fra le opere già edite, i romanzi *Blind* (Il filo 2008) e *Il sogno e la visione* (Europa 2016).

Women Plot

Quanti volumi nella nostra biblioteca sono opera di donne? Probabilmente pochi, infatti quando vogliamo acquistare un libro ci si rende subito conto di un certo gap di genere, gap confermato dai dati nazionali.

Un'analisi del settore editoriale mostra inoltre forti asimmetrie sia nella distribuzione dei ruoli che nell'assegnazione dei premi agli scrittori, nonostante le donne ottengano risultati migliori nell'istruzione e nella formazione e frequentino librerie e biblioteche con maggiore assiduità degli uomini.

Women Plot è un *publisher* internazionale e una *media company* che ambisce a ridurre le disuguaglianze di genere nell'editoria e nell'industria dei media condividendo storie di donne vere.

Come autrice, Erica, la *founder*, ha capito quanto sia ineguale il sistema: ogni donna che desidera avere successo nel mondo della scrittura è consapevole che ci siano ostacoli unici per raggiungere questo successo. È chiaro che esiste un pregiudizio di genere nelle case editrici e nel mondo dei libri. Perché non provare qualcosa di radicale?

Women Plot vuole condividere storie di donne autentiche e stimolanti mentre coinvolge la comunità con eventi, club del libro virtuali e molto altro ancora.

La nostra visione è quella di diventare il punto di riferimento per acquistare libri che supportano il lavoro delle donne e riducono consapevolmente la disuguaglianza di genere.

Sapendo tutto questo, possiamo cercare di lavorare responsabilmente per la diminuzione del divario di genere e per sostenere attivamente un cambiamento culturale verso la definitiva parità di genere.

Indice

WOMEN PLOT
WOMEN STORIES THAT INSPIRE

www.ingramcontent.com/pod-product-compliance
Lightning Source LLC
LaVergne TN
LVHW041109150826
845673LV00007B/1975

9791280593177